NICOLAS NOBLET

LE PERMIS DE CHASSER OFFICIEL

L'auteur remercie
M.-F Rouault de la Vigne
pour sa précieuse collaboration.

Nouvelle édition 1987

HACHETTE

SOMMAIRE

Dessins de Maurice Campan

INTRODUCTION

La France est sans doute, avec l'Italie, le pays d'Europe où l'on compte le plus de chasseurs. Il y a en effet un million huit cent cinquante mille permis de chasser dans l'Hexagone (deux millions en Italie, trois cent mille en Allemagne).

Si les possibilités cynégétiques de notre pays sont grandes grâce à l'étendue du territoire et à la diversité des biotopes, elles ont été largement entamées au cours des dernières décennies. Il faut savoir que chaque année 100 000 hectares sont consacrés à l'urbanisation, que les produits chimiques employés dans les cultures (malgré l'effort réalisé récemment dans ce domaine) n'encouragent pas la prolifération des espèces et qu'un prélèvement de gibier longtemps incohérent a eu des effets funestes sur la faune.

Faut-il conclure qu'il y a trop de chasseurs en France ? Certes non ! Comme le disait l'un des dirigeants de la chasse française : « Le problème de la chasse dans notre pays n'est pas numérique mais qualitatif. Peu importe le nombre de chasseurs, ce qui compte c'est le prélèvement annuel effectué et les capacités de renouvellement des espèces de gibier. » La réflexion est juste, le chasseur français ne peut plus se permettre une quête désordonnée, il doit au contraire récolter en toute connaissance de cause. Pour agir ainsi, il a besoin de savoir ; il existe des règles de gestion, qu'il doit connaître, ensuite il devra s'organiser rationnellement pour pouvoir chasser.

C'est en vertu de ces notions nouvelles, de ces efforts d'organisation de la chasse française, que le principe de l'examen a été adopté. La formule n'était pas simple à trouver, le niveau moyen des connaissances du chasseur était difficilement appréciable. Résultat : la première année 98 % des candidats furent reçus. Ridicule ! s'exclamèrent certains. Il fallait attendre la deuxième année pour découvrir une épreuve d'un niveau plus élevé et, cette fois, 34 % des candidats furent recalés : on pouvait commencer à parler d'un véritable contrôle des connaissances. Le niveau de l'examen semble devoir se maintenir dans cet état, du moins pendant quelque temps ; la formule se perfectionnera peut-être avec la création d'une épreuve pratique de manipulation d'armes ou de ball-trap, mais rien n'est encore décidé.

L'AVÈNEMENT DU PERMIS DE CHASSER

Plusieurs pays européens dont l'Allemagne, l'Autriche et la Suisse font passer un examen de chasse. Que se passait-il avant l'instauration du permis de chasser en France ?

C'est vers 1810, une vingtaine d'années après le commencement de la Révolution française, que la première réglementation en matière de chasse fit son apparition. En effet, à cette époque, un permis de port d'armes devint obligatoire pour pouvoir chasser.

Une trentaine d'années plus tard, le 3 mai 1844, une loi sur la police de la chasse instaura le permis de chasse qui allait « vivre » quelque cent trente ans. Il suffisait donc à tout aspirant chasseur de prendre son permis moyennant une modique somme pour pouvoir chasser. L'accroissement constant du nombre de chasseurs et le souci légitime d'une meilleure protection de la nature, et plus particulièrement de la faune, ont amené les autorités cynégétiques compétentes, et le législateur, à substituer, par la loi du 27 décembre 1974, le permis de chasser au permis de chasse.

L'année suivante, le Code rural est modifié et, le 14 mai 1975, le principe du permis de chasse et de l'examen qui en découle est légalisé. Enfin, le 7 mai 1976, les modalités de cet examen sont fixées par décrets.

1

LES DÉMARCHES POUR PASSER SON PERMIS

Inscription. Organisation des épreuves. Programme. Date et déroulement de l'examen. Conditions particulières pour les étrangers.

Si vous n'avez jamais possédé de permis de chasse auparavant vous devez obligatoirement passer l'examen du permis de chasser. (Les modalités ont été fixées par un décret et deux arrêtés ministériels datant du 7 mai 1976.) Si, toutefois, vous n'avez jamais chassé mais que vous possédiez un permis vous pouvez obtenir automatiquement le permis de chasser à condition d'en justifier.

Voici maintenant les démarches à accomplir pour s'inscrire à l'examen.

L'INSCRIPTION

Pour pouvoir passer l'examen il faut impérativement avoir quinze ans révolus au 31 mars de l'année de l'examen.

Le candidat qui réussit son épreuve alors qu'il n'a que quinze ans se voit délivrer un permis de chasser mais ne peut le faire valider — et donc chasser — qu'au jour de ses seize ans. Pour établir votre candidature, il faut vous procurer un formulaire spécial : *Examen du permis de chasser,* à la mairie de votre domicile, ainsi qu'une fiche individuelle d'état civil que vous obtiendrez sur présentation de votre carte d'identité nationale ; vous joignez à cela un timbre fiscal de 43 F (prix en vigueur pour 1985) et une enveloppe affranchie et libellée à votre adresse. Si vous êtes mineur, la demande est formulée par vos parents ou par l'institution investie du droit de garde.

Si vous changez de résidence avant la date de l'examen vous pouvez demander à passer les épreuves dans un autre département. De toute façon, pour que votre demande soit prise en considération, vous devez adresser impérativement votre dossier complet au préfet de votre domicile (service Examen du permis de chasser) entre le 1er février et le 31 mars de l'année de l'examen, le cachet de la poste faisant foi.

Vous recevez votre convocation

Vous avez donc posé votre candidature, il ne vous reste plus qu'à attendre et à préparer votre examen jusqu'au jour où vous recevez votre convocation. Sur cette convocation figurent le lieu, la date et l'heure à laquelle auront lieu les épreuves.

Le jour de l'examen

Vous vous présentez à l'heure et à l'endroit indiqués sur votre convocation muni d'un papier d'identité, de votre convocation et d'une quittance de vos droits d'examen. Si pour une raison importante vous êtes empêché de participer à la session normale de l'examen, vous devez dans un délai de quinze jours en justifier auprès du directeur de l'Office national de la chasse (85 *bis,* avenue de Wagram, 75017 Paris) en demandant l'autorisation de passer à une session complémentaire. Si vous ne fournissez aucune justification ou si vos motifs ne sont pas considérés comme valables, vous serez purement et simplement ajourné.

La date

L'examen est organisé dans tous les départements à raison d'une session unique sur l'ensemble du territoire, fixée par arrêté du ministre chargé de la chasse. En principe, l'examen se déroule chaque année à la mi-mai.

Il existe comme nous l'avons dit des sessions complémentaires, qui se déroulent dans le courant de la même année, pour les candidats empêchés de prendre part à la session normale et dont les motifs ont été reconnus valables (maladie, accident, etc.).

L'organisation des épreuves

Elle est assurée par la Commission nationale de l'examen dont la composition est fixée par décret. Cette commission est présidée par le directeur de la Protection de la nature ou son représentant et composée de différents membres, dont le chef de service de la chasse et de la faune sauvage à la direction de la Protection de la nature. Viennent ensuite : un représentant du ministre de l'Intérieur, un représentant du garde des Sceaux, le directeur de l'Office national de la chasse. Il y a également trois présidents de régions cynégétiques nommés par le ministre chargé de la chasse et quatre personnalités qualifiées pour leurs compétences désignées par ce même ministre.

La commission fixe les dates des différentes sessions, examine et choisit les questions, fixe les barèmes de notations et modifications à apporter à l'examen.

Organisation pratique

L'examen est organisé sur le plan pratique et matériel par l'Office national de la chasse. Dans chaque département l'Office nomme un délégué qui est chargé de centraliser les candidatures et d'envoyer les convocations. Il assure également le secrétariat de la Commission nationale et règle les problèmes techniques d'organisation : salles d'examen, matériel audio-visuel.

Programme

Il porte sur : la sauvegarde et le repeuplement du gibier ; les lois et les règlements concernant la police de la chasse et la protection de la nature ; l'emploi des armes et munitions et les règles de sécurité.

1 Sauvegarde et repeuplement du gibier

Reconnaissance des animaux gibiers ci-après : cerf, chevreuil, chamois (isard), sanglier, lièvre, lapin, blaireau, perdrix rouge et grise, caille, faisans, bécasse, pigeons, grives, oies, canards, bécassines, autre gibier d'eau et gibier de montagne autorisé.

Connaissances élémentaires sur le régime alimentaire naturel, les mœurs et la reproduction des animaux ainsi que sur les dégâts qu'ils peuvent occasionner aux forêts et aux cultures.

Notions sur les prélèvements possibles sur le gibier ainsi que sur les repeuplements.

Dans les départements d'outre-mer, le programme porte sur le gibier autochtone.

2 Lois et règlements concernant la police de la chasse

Animaux généralement classés nuisibles : lapin de garenne, renard, sanglier, blaireau, chat haret, belette, hermine, putois, fouine, martre, rat musqué, pie, geai, corneille.

Les territoires de chasse, baux de chasse, définitions du droit de chasse et du droit de chasser.

Les réserves de chasse nationales et agréées.

Les périodes de chasse.

La destruction des animaux nuisibles.

La chasse maritime.

Les modes de chasse.

Le permis de chasser : délivrance, visa, validation.

L'organisation générale de la chasse en France, le Conseil national de la chasse et de la faune sauvage, l'Office national de la chasse, les fédérations départementales des chasseurs, les sociétés et associations communales et intercommunales de chasse agréées, organisation de la garderie et pouvoirs des gardes.

Notions sur la réglementation propre aux départements du Bas-Rhin, du Haut-Rhin et de la Moselle.

Les armes autorisées et interdites.

2 bis Lois et règlements concernant la protection de la nature

Espèces d'oiseaux et de mammifères protégées.

3 Emploi des armes et munitions et règles de sécurité

Notions de fonctionnement des fusils et carabines autorisés pour la chasse en France, portée et dangers.

Connaissance des munitions, portée et dangers.

Maniement des armes, règles de prudence, de sécurité, de politesse en action de chasse et lors de déplacements.

Déroulement de l'examen

Le candidat est soumis à trois séries de 7 questions entrant dans le programme fixé par arrêté. Sur un total de 21 questions il devra, pour réussir à l'examen, obtenir un minimum de 16 bonnes réponses *. L'examen se déroule sous une forme audio-visuelle équivalant à celle du permis de conduire. Pour chaque groupe un candidat est invité à tirer au sort une cassette de 21 vues. Ces vues sont ensuite projetées sur l'écran, et pour chacune une question est posée, trois réponses proposées. Après un temps de réflexion, il ne reste plus au candidat qu'à cocher au *stylo à bille* la réponse qui lui semble bonne. A la fin de l'épreuve les copies sont ramassées et chacune est comparée avec une grille type qui met immédiatement en évidence les bonnes et mauvaises réponses. Les candidats qui ont réussi à l'examen reçoivent immédiatement un certificat de la part des examinateurs. Ceux-ci, nommés par le préfet, sont généralement choisis parmi les gardes fédéraux. Il faut noter qu'avant l'épreuve un certain nombre de vues-exemples sont présentées aux candidats afin qu'ils puissent s'accoutumer au procédé.

Les convocations sont contrôlées à l'entrée de la salle d'examen. Tout candidat qui fraude ou tente de frauder est immédiatement exclu de la salle et ajourné.

* Si le candidat n'obtient que 15 bonnes réponses, il aura toutefois le droit de se présenter à la session de rattrapage.

CONDITIONS EMPÊCHANT L'ATTRIBUTION DU PERMIS DE CHASSER

Il se peut qu'en certains cas, à cause d'affections et infirmités, l'exercice de la chasse devienne dangereux, auxquels cas le permis de chasser n'est pas attribué.

Ces affections sont :

— toute infirmité ou mutilation ne laissant pas la possibilité d'une action de tir à tout moment précise et sûre ;

— toute affection entraînant ou risquant d'entraîner des troubles moteurs, sensitifs ou psychiques perturbant la vigilance, l'équilibre, la coordination des mouvements ou le comportement ;

— toute affection entraînant ou risquant d'entraîner un déficit visuel ou auditif susceptible de compromettre ou de limiter les possibilités d'appréciation de l'objectif du tir et de son environnement ;

— toute intoxication chronique ou aiguë ou tout traitement médicamenteux dont les effets peuvent entraîner les mêmes risques.

Il existe également un certain nombre d'autres cas d'interdictions.

1° Aux alcooliques signalés à l'autorité sanitaire comme étant présumés dangereux.

2° A tout individu qui, par une condamnation judiciaire, a été privé de l'un ou de plusieurs des droits, outre celui de port d'arme.

3° A tout condamné à un emprisonnement de plus de six mois pour rébellion ou violence envers les agents de l'autorité publique.

4° A tout condamné pour délit d'association illicite, de fabrication, débit, distribution de poudre, armes ou autres munitions de guerre ; de menaces écrites ou de menaces verbales avec ordre ou sous condition ; d'entraves à la circulation des grains ; de dévastation d'arbres ou de récoltes sur pied, de plants venus naturellement ou faits de main d'homme.

5° A ceux qui ont été condamnés pour vagabondage, mendicité, vol, escroquerie ou abus de confiance.

La faculté de refuser la délivrance ou le visa du permis de chasser aux condamnés mentionnés au 3°, 4°, 5° du présent article cesse cinq ans après l'expiration de la peine.

Le Code rural indique que le visa du permis de chasser n'est pas accordé aux majeurs en tutelle, à moins qu'ils ne soient autorisés à chasser par le juge des tutelles.

Enfin, le permis de chasser n'est pas délivré et le visa du permis n'est pas accordé :

1° A ceux qui, par suite de condamnation, sont privés du droit de port d'armes.

2° A ceux qui n'ont pas exécuté les condamnations prononcées contre eux pour l'une des infractions prévues par le présent titre.

3° A tout condamné en état d'interdiction de séjour.

Si vous êtes étranger

Le chasseur étranger qui veut chasser en France n'a aucune difficulté s'il possède déjà le permis de chasse français. Sinon il lui est possible soit de prendre une licence de chasse dont la durée n'excède pas 48 heures (il ne peut en obtenir que deux dans l'année), soit de passer l'examen. S'il opte pour la licence temporaire elle lui sera délivrée par le préfet du département où le demandeur doit chasser, après remise des documents suivants à la préfecture de ce département :

— une attestation d'assurance chasse délivrée par une compagnie habilitée à couvrir ce risque en France ;
— un permis de chasser délivré dans son pays d'origine ou toute autre pièce administrative en tenant lieu ;
— un passeport ou toute autre pièce en tenant lieu ;
— deux photographies d'identité (3,5 × 4).

En outre, le versement d'une somme de 170 F sera exigée par le régisseur de recettes de la préfecture, lors de la délivrance de la licence.

S'il opte pour le permis de chasser, il en fait la demande à la préfecture et doit produire les pièces suivantes :

— passeport ou pièce d'identité ;

— extrait du casier judiciaire ou pièce comparable établie par l'autorité qualifiée du pays d'origine ou, à défaut, attestation d'honorabilité, établie par l'autorité locale.

Ces documents doivent être légalisés par l'autorité consulaire française quand elle est exigée et accompagnés d'une traduction française sincère.

Pays dispensés de la légalisation consulaire, mais soumis à l'apostille de l'autorité étrangère

Autriche, Bostwana, Chypre, Fidji (îles), Hongrie, Japon, Lesotho, Liechtenstein, Malawi, Malte, Maurice (île), Pays-Bas, Portugal, Royaume-Uni de Grande-Bretagne et d'Irlande du Nord (y compris le bailliage de Guernesey, Jersey et l'île de Man), Suisse, Tonga, Yougoslavie. **Un seul pays est dispensé de toute légalisation, apostille ou certification :** la République fédérale d'Allemagne.

Lorsque le chasseur étranger aura passé l'examen, le permis lui sera délivré par la préfecture. Il paiera un droit de 50 F au profit de l'État, versé à la régie de recettes de la préfecture. Si l'étranger a un permis de chasse français on lui délivrera gratuitement un permis de chasser. Pour faire viser son permis de chasser, le chasseur étranger devra chaque année en faire la demande à la préfecture (éventuellement à la sous-préfecture) en fournissant les pièces suivantes :

— Le timbre de cotisation de la Fédération départementale des chasseurs du lieu du visa.

— l'attestation d'assurance chasse délivrée par une entreprise admise à pratiquer en France l'assurance de ce risque, couvrant les accidents corporels occasionnés par tout acte de chasse et tout acte de destruction d'animaux nuisibles, même s'il est provoqué par les chiens du chasseur.

2

L'ORGANISATION GÉNÉRALE DE LA CHASSE EN FRANCE

Réglementation. Gestion. Fédérations départementales de chasseurs. Associations communales. Les gardes.

Ce chapitre vous paraîtra peut-être ennuyeux mais l'importance des rouages administratifs et la façon dont est organisé notre sport doivent vous être familiers. Étudiez chaque fonction bien en détail, faites-vous un schéma de l'organisation de la chasse française et puis, bien sûr, répondez aux questions...

L'organisation administrative de la chasse en France étant assez complexe, il importe, au risque de simplifier la réalité, de distinguer quatre fonctions exercées par des organes bien différents.

I. FONCTION DE RÉGLEMENTATION
— Le ministre chargé de la chasse.
— La direction de la Protection de la nature.
— Le préfet.

II. FONCTION DE GESTION
— L'Office national de la chasse.
— La fédération départementale des chasseurs.
— Les A.C.C.A. (associations communales de chasse agréées), les sociétés de chasse intercommunales agréées.

III. FONCTION DE CONSEIL

— Le Conseil national de la chasse et de la faune sauvage.
— Les conseils régionaux de la chasse.

IV. FONCTION DE CONTRÔLE

Enfin une dernière fonction au niveau le plus proche des chasseurs est assurée par la garderie. Il s'agit de la surveillance et de la police générale de la chasse.

— Les différentes catégories de garde.
— Les pouvoirs des gardes.

LES ORGANES DE RÉGLEMENTATION

A la tête de la structure de la chasse en France, se trouve placé le ministre. Il est assisté d'une direction administrative chargée de la protection de la nature, et relayé localement par le préfet. Entre ces instances existent des rapports de nature hiérarchique.

I. LE MINISTRE

Ses principales missions en matière de chasse sont les suivantes :

a) Il propose au gouvernement toute modification législative concernant la chasse. Les textes modifiant ou complétant les lois existantes sont ensuite soumis au Parlement qui les vote ou les rejette.

b) Il élabore, dans le cadre des lois existantes, la réglementation relative à la chasse.

Il peut s'agir :

- *de questions de portée générale :*

— liste des animaux nuisibles ;
— dates d'ouverture de la chasse, suivant les départements et les gibiers ;
— liste des espèces protégées ;

- *de questions de portée locale :*

— institution et mise en œuvre dans les départements du plan de chasse du grand gibier ;

— arrêté de la liste des départements dans lesquels la création d'A.C.C.A. s'impose à chaque commune ;
— approbation des réserves de chasse et constitution de réserves nationales de chasse ;

• *de questions de portée individuelle :*
— nomination des présidents de fédération départementale ;

Le ministre chargé de la chasse est celui qui dans ses attributions s'est vu chargé de la direction de la Protection de la nature : il s'agit à l'heure actuelle du ministre de l'Environnement.

II. LA DIRECTION DE LA PROTECTION DE LA NATURE

Cette direction est, au sein du ministère, chargée des problèmes concernant la protection de la faune, de la flore, de la chasse et de la pêche, des parcs nationaux et des réserves naturelles.

Au sein de cette direction, le « service de la chasse et de la faune sauvage » possède pour principales missions :
— la préparation des textes législatifs et réglementaires relatifs à la chasse, ainsi que le suivi de leur application ;
— la promotion de l'amélioration de la chasse et de la protection de la faune sauvage ;
— l'établissement de programmes d'études et d'actions ;
— la tutelle de l'Office national de la chasse.

Au plan de la réglementation, cette direction constitue donc l'instrument essentiel de réflexion préalable et de préparation des décisions du ministre. Au niveau local, celui-ci se trouve relayé par le préfet.

III. LE PRÉFET

Représentant du ministre dans le département, il assure l'exécution au plan local de la réglementation arrêtée à l'échelon national. Il lui appartient d'autre part en propre de réglementer les conditions locales d'exercice de la chasse. Enfin, par le biais de la tutelle d'organismes, de la présidence de commission, et de différentes nominations, il assure un contrôle souple de l'organisation et du fonctionnement de la chasse dans son département.

Pour l'essentiel :

a) *Il assure et contrôle l'exécution dans son département des textes législatifs et réglementaires généraux.*

b) *Il réglemente les conditions locales d'exercice de la chasse.*
- Il élabore un arrêté sur la police de la chasse dans un département.
- Il peut retarder la date d'ouverture de la chasse.
- En cas de calamité, d'incendie, de gel prolongé, d'inondations, il peut suspendre la chasse dans son département.

c) *Il contrôle l'organisation et le fonctionnement de la chasse dans son département.*
- Il délivre les permis de chasse et les vise chaque année.
- Il ordonne l'organisation de chasses ou battues de renards ou autres nuisibles, et en particulier le lapin, dans de nombreux départements.
- Il nomme les lieutenants de louveterie.
- Il propose au ministre la nomination du président de la Fédération.
- Il assure la tutelle des A.C.C.A. et agrée les associations intercommunales de chasse.
- Il préside la Commission départementale pour l'indemnisation des dégâts de gibiers.

LES ORGANES DE GESTION

Au niveau national, la gestion de la chasse française est organisée et assurée par l'Office national de la chasse. Au plan départemental, c'est la Fédération départementale des chasseurs qui est compétente pour exercer la gestion de la chasse. Enfin, au niveau local, peuvent exister soit des associations intercommunales de chasse agréées, soit des associations communales de chasse agréées (A.C.C.A.), ou encore de simples sociétés de chasse. Il faut préciser que ces différentes instances disposent les unes et les autres d'une relative autonomie dans leur fonctionnement.

I. AU NIVEAU NATIONAL :

L'OFFICE NATIONAL DE LA CHASSE

Établissement public national à caractère administratif, cet organisme est placé sous la tutelle du ministre chargé de la chasse, et du ministre de l'Economie et des Finances.

Son conseil d'administration est composé de 18 membres, dont 7 représentants de l'administration, 9 représentants des chasseurs et 2 personnes qualifiées en milieux cynégétiques désignées par le ministre.

Il a pour tâches principales de voter le budget et les programmes de développement.

Un rôle essentiel est dévolu au directeur de l'O.N.C., nommé par décret du Premier ministre. Il a pour tâches principales :

— de diriger l'établissement ;
— d'assurer le fonctionnement de l'ensemble des services ;
— de décider des recettes et dépenses de l'Office.

De plus, relèvent plus particulièrement du directeur :

— la définition et la mise en œuvre de brigades mobiles créées en 1976 ;
— les relations publiques de l'Office ;
— le contrôle de l'École nationale professionnelle et technique de la chasse.

Pour assurer l'ensemble de ses tâches, l'O.N.C. emploie près de 2 000 agents, dont 115 environ travaillent à Paris. Ses services sont constitués par :

— ***Le service technique***

Afin de répondre à l'objectif du maintien et de l'amélioration du capital cynégétique français, il organise, contrôle et fait connaître les actions menées par :

- les conseillers cynégétiques régionaux et leurs adjoints (au total 35 personnes en France) ;
- les directeurs des 10 réserves nationales de chasse (ex. : Chambord) et des 10 autres réserves de l'O.N.C. (ex. : Casabianda) ;
- les responsables du secteur de recherches spécifiques (gibier d'eau - bécasse - montagne) ;
- les 7 centres d'élevage (ex. : le centre de Verzi, perdrix grises et rouges).

— ***Le service juridique***

- il met en œuvre le suivi de toute action engagée par l'O.N.C. (ex. : infraction de chasse dans une réserve nationale) ou à son encontre ;
- en particulier, il lui appartient de faire face, devant les tribunaux, aux affaires d'indemnisation des dégâts

de sangliers, de grands gibiers, après refus par les réclamants d'accepter le montant proposé par la Commission pour l'indemnisation des dégâts ;
- par ailleurs, il suit, commente et diffuse toute décision des tribunaux en matière de chasse ;
- enfin il assume un rôle de conseil juridique auprès de ceux qui l'interrogent.

— ***Le service administratif et financier***
- il opère la mise en place et le suivi du budget ;
- il centralise, vérifie et paie les dégâts du gibier ;
- il organise l'examen du permis de chasser ;
- il est responsable de la garderie (voir organes de contrôle).

Les ressources financières de l'O.N.C. sont très importantes, cependant cet organisme ne possède une maîtrise réelle que sur un peu plus d'un quart du budget. Le financement des dépenses est assuré à près de 96 pour 100 par les redevances cynégétiques.

Les dépenses de fonctionnement de l'O.N.C. :

	Poste	%	Catégorie
BUDGET TOTAL	Opérations du Conseil national de la chasse	10 %	Catégories de dépenses non maîtrisées par l'O.N.C.
	Contribution au paiement de la garderie	50 %	
	Dégâts de gibier	16 %	
	Personnel	11 %	Moyens propres de l'O.N.C.
	Fonctionnement	13 %	

II. AU NIVEAU DÉPARTEMENTAL :

LES FÉDÉRATIONS DÉPARTEMENTALES DE CHASSEURS

Depuis la nouvelle procédure d'indemnisation des dégâts du gibier, leurs statuts doivent être conformes à un modèle établi par le ministre chargé de la chasse. Pour les départements de la région parisienne, un statut particulier a été retenu.

A la tête de la Fédération départementale de chasseurs se trouve un président, nommé par le ministre sur proposition du conseil d'administration.

1. Le président

Le rôle du président de la Fédération départementale s'est élargi au cours de ces dernières années.

— Il est le conseiller technique cynégétique privilégié du préfet et du ministre.
— Il surveille l'application du plan de chasse obligatoire dans toute la France pour les cerfs, les chevreuils, les daims et les mouflons.
— Il occupe une place privilégiée dans la mise en place des Associations communales de chasse agréées (A.C.C.A.). En particulier pour la suppression des enclaves, il joue un rôle médiateur.
— Il est consulté par les préfets sur le nombre et la désignation des lieutenants de louveterie.
— Il propose au préfet l'organisation des battues administratives.
— Il intervient dans la procédure amiable administrative d'indemnisation des dégâts causés aux récoltes par les sangliers et le grand gibier soumis au plan de chasse.
— Il participe à l'organisation de l'examen du permis de chasser.

Le président est assisté de deux vice-présidents et d'un bureau. Mais son principal collaborateur dans l'exercice de cette fonction est le directeur administratif lui-même, assisté, sur le plan technique, dans de nombreux départements, d'un technicien cynégétique.

La Fédération a pour objet :
— de représenter les intérêts de la chasse dans le département ,
— de concourir à la répression du braconnage et du contrôle du commerce relatif à la faune sauvage, notamment par l'entretien de brigades de gardes chargées spécialement de la police de la chasse ;

— d'assurer la protection du gibier par la constitution, l'aménagement et l'entretien de réserves de chasse et de participer à toute action d'intérêt général concernant cette protection ;
— de favoriser l'amélioration des territoires de chasse et l'implantation de gibier de repeuplement ;
— d'aider tous les chasseurs du département et de coordonner leurs efforts en vue d'améliorer la chasse dans l'intérêt général ;
— de promouvoir une meilleure gestion technique de la chasse, en particulier par l'information des chasseurs ;
— d'assurer la conservation des espèces sauvages et de leurs habitats, et de contribuer par ses actions au maintien des équilibres naturels.

Au moins une fois par an, l'assemblée générale de la Fédération se réunit. Composée de tous les chasseurs du département, elle a pour principale mission de contrôler les comptes clos de l'année, d'examiner le budget de l'exercice à venir, de nommer les membres du conseil d'administration.

Il ne faut pas oublier que *seuls les détenteurs du droit de chasse ont le droit de vote.* Ce sont :
— les propriétaires ou locataires de chasses ;
— les associations de chasse, sociétés de chasse syndicales de chasseurs ;
— les A.C.C.A.,
qui détiennent dans le département un droit de chasse d'une superficie minimale de 20 hectares. Ils disposent d'autant de voix qu'ils représentent de chasseurs.

2. Le conseil d'administration, qui comprend de 7 à 15 membres
— vote le budget,
— désigne le bureau qui assiste le président,
— délibère et examine toutes les questions qui ne relèvent pas expressément de la compétence de l'assemblée générale,
— se réunit trois ou quatre fois par an.

III. AU NIVEAU LOCAL

A) LES SOCIÉTÉS DE CHASSE COMMUNALES

Ce sont des associations de la loi de 1901, constituées par les propriétaires et habitants de la commune, et qui visent à regrouper tout ou partie des domaines, afin de pouvoir pratiquer la chasse sur un territoire agrandi.

Elles font l'objet d'une déclaration de constitution à la préfecture, qui est publiée au *Journal officiel.*

La société de chasse communale élabore ses propres statuts qui doivent être respectés par ses membres, sous peine d'engager leur responsabilité civile.

B) LES A.C.C.A.

Bien différentes sont ces associations communales de chasse agréées, qui ont été créées par la loi du 10 juillet 1964 (loi Verdeille). L'objectif poursuivi par la création des A.C.C.A. est la constitution de territoires de chasse cohérents.

La mise en place des A.C.C.A. varie selon les départements. La liste en est arrêtée par le ministre, après une procédure complexe, nécessitant l'avis favorable du conseil général. Ensuite la constitution d'A.C.C.A. est rendue obligatoire pour chaque commune. A la fin de l'année 1975 la mise en place d'A.C.C.A. était impérative dans 27 départements.

Dans les autres départements, le préfet arrête la liste des communes dans lesquelles la création d'une A.C.C.A. est obligatoire. Pour que l'inscription sur la liste puisse s'effectuer, la demande doit émaner d'au moins 60 pour 100 des propriétaires, représentant au moins 60 pour 100 de la superficie du territoire de la commune.

De manière très générale on peut dire que le sud de la France se trouve actuellement organisé selon le système des A.C.C.A., et que le nord de la France y échappe.

Le territoire des A.C.C.A. est formé sur la base d'une adhésion obligatoire des propriétaires et détenteurs d'un droit de chasse.

A la suite d'événements récents, la loi du 10 juillet 1964 sera très certainement modifiée au début de 1985, notamment en ce qui concerne les enclaves. Ainsi les non-chasseurs devraient, d'ici à la prochaine ouverture, pouvoir interdire la chasse sur leur propriété, même si celle-ci est inférieure à 20 ha. Cependant, ils devront s'engager à ne pas chasser dessus.

C'est le préfet qui arrête la liste des terrains de chasse qui seront soumis à l'action de l'A.C.C.A. Il n'est possible d'échapper à la dévolution du droit de chasse de l'A.C.C.A. que dans les cas suivants :

1. Terrains d'un seul tenant

- d'au moins 100 ha pour le terrain en montagne ;

- 20 ha pour la terre et le bois ;
- d'au moins 3 ha pour les marais ;
- d'au moins 1 ha pour les étangs.

Cependant l'arrêté ministériel peut modifier ces surfaces minimales en les portant respectivement jusqu'à :

— 60 ha : terres et bois ;
— 9 ha : marais ;
— 3 ha : étangs.

2. Terrains constituant une enclave

Il s'agit des enclaves dans les terrains privilégiés définis ci-dessus, qui, en raison de leur superficie, ne peuvent être dévolus à l'A.C.C.A.

Les enclaves feront l'objet, en pratique, d'une mise en réserve, ou seront cédées à l'enclavant en location, ou après échange.

3. Terrains situés dans un rayon de 150 m des habitations

4. Terrains entourés d'une clôture continue empêchant complètement le passage du gibier chez les voisins

Les statuts de l'A.C.C.A. doivent comporter certaines dispositions obligatoires.

Une fois insérées ces règles obligatoires, l'A.C.C.A. peut librement élaborer son statut propre. Ces stipulations concernent à la fois l'organisation de l'association et le règlement intérieur de la chasse.

En posant certaines règles communes concernant les statuts et le règlement intérieur, elles visent à unifier l'organisation des associations de chasse en France, mais surtout, en rendant obligatoire la définition d'un règlement de chasse, elles essaient d'améliorer la gestion de la chasse communale dans une optique d'efficacité et de discipline.

Enfin, dans les A.C.C.A. la création d'une ou de plusieurs réserves de chasse est obligatoire. La surface minimale de celles-ci est égale au 1/10 de la superficie totale du territoire de l'association.

C) LES ASSOCIATIONS INTERCOMMUNALES DE CHASSE

Ce sont des associations constituées par l'union entre deux ou plusieurs A.C.C.A. La décision d'adhérer ou non à l'A.I.C.A. est prise par chaque A.C.C.A. en assemblée générale, et la majorité des 2/3 des voix dont disposent ses membres.

Les A.I.C.A. ne tiennent leurs pouvoirs que par délégation des A.C.C.A. mais peuvent, à l'extrême, prendre à peu près toutes les attributions de ces A.C.C.A.

Les A.I.C.A. élisent un conseil d'administration et un président. Comme les A.C.C.A., elles élaborent des statuts, avec dispositions obligatoires, un règlement intérieur, et surtout un règlement de chasse dans la mesure où il existe un territoire de chasse commun. Comme sur les A.C.C.A. la tutelle du préfet s'exerce sur les A.I.C.A.

LES ORGANES DE CONSEIL

Au niveau national, se trouve le Conseil national de la chasse et de la faune sauvage, qui est chargé de donner au ministre son avis sur l'ensemble des questions touchant la chasse. Situés au niveau local, les Conseils régionaux de la chasse transmettent au Conseil national leur avis et suggestions.

I. LE CONSEIL NATIONAL DE LA CHASSE ET DE LA FAUNE SAUVAGE

Il est composé de 34 membres dont 7 membres de droit, représentants de l'administration, 7 membres élus, représentants des régions cynégétiques, et 20 membres désignés par les ministres.

Le Conseil est présidé par le ministre de la chasse ou son représentant.

Son rôle est purement consultatif. Il est chargé de donner au ministre son avis sur les moyens propres à :
— préserver la faune sauvage,
— développer le capital cynégétique dans le respect des équilibres biologiques,
— améliorer les conditions d'exercice de la chasse.

Il doit étudier les mesures législatives et réglementaires nécessaires pour atteindre ces objectifs.

II. LES CONSEILS RÉGIONAUX DE LA CHASSE

Il y a un Conseil régional de la chasse par région cynégétique (voir carte des régions cynégétiques page 24).

Les présidents des Fédérations départementales de chasseurs dans chacune des sept régions sont les membres des Conseils régionaux.

Leur rôle est consultatif :

— Ils donnent leur avis sur toutes les questions relatives à l'organisation et à l'amélioration de la chasse.

— Ils expriment également leurs suggestions quant à la réglementation à établir dans leurs régions respectives.

Leurs propositions sont transmises au Conseil national de la chasse et de la faune sauvage.

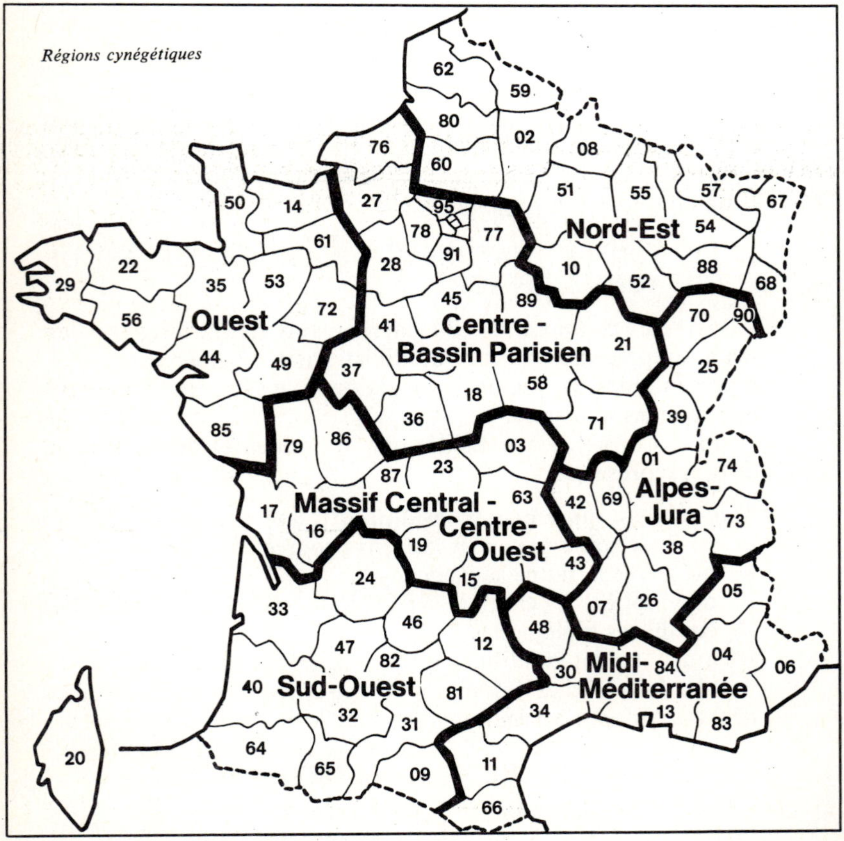

Régions cynégétiques

LES ORGANES DE CONTRÔLE

L'ORGANISATION DE LA GARDERIE ET LES POUVOIRS DES GARDES

La surveillance et le respect de la réglementation édictée en matière de chasse sont assurés sur toute l'étendue du territoire par des gardes-chasses nationaux ou par les gardes des fédérations. De plus, existent des gardes particuliers, agréés par le préfet, qui sont chargés plus spécialement de la surveillance des propriétés rurales et forestières par leurs propriétaires.

I. LES DIFFÉRENTES CATÉGORIES DE GARDES

1° Les gardes particuliers

Tout propriétaire, fermier rural, locataire ou adjudicataire de chasse peut commissionner librement des gardes particuliers. Ceux-ci, après présentation d'un certificat de bonnes vie et mœurs délivré par le maire, doivent être agréés par le préfet. Ils prêtent ensuite serment devant le tribunal d'instance. Après quoi, ils peuvent porter sur le bras l'insigne *la Loi* qui les distingue. Ils ne peuvent, bien entendu, intervenir que sur les territoires dans lesquels leur commettant dispose du droit de chasse.

Les gardes particuliers sont chargés de rechercher les délits et les contraventions qui portent atteinte aux propriétés dont ils ont la garde et dressent procès-verbal de ces délits et contraventions. Cet acte écrit, signé et daté, doit être « affirmé » dans les vingt-quatre heures du délit, c'est-à-dire que le garde particulier doit confirmer, sous la foi du serment, l'authenticité des indications relatées dans le procès-verbal. Cette affirmation peut être faite devant le juge d'instruction ou le maire.

2° Les gardes-chasses nationaux

Ils sont commissionnés par le ministre chargé de la chasse et relèvent de l'O.N.C., qui les affecte à la surveillance des réserves nationales et des réserves de l'O.N.C., ou bien dans les brigades mobiles d'intervention contre le braconnage, ou encore dans les Fédérations départementales de chasseurs après avis du président. Ils assurent toutes les tâches de surveillance pour lesquelles ils sont assermentés. Ils recherchent et constatent les infractions à la police de la chasse, à celle de la pêche fluviale et à la protection de la nature. En outre, ils peuvent participer à des actions techniques ou de vulgarisation, à des enquêtes ou missions cynégétiques dans le cadre normal de l'activité de l'O.N.C. ou des Fédérations départementales. Ils interviennent également en ce qui concerne la prévention et la lutte contre les incendies dans les forêts, landes et maquis. Enfin, ils prennent part à la destruction des nuisibles.

3° Les gardes des Fédérations

Les Fédérations départementales de chasseurs peuvent disposer, en sus des gardes nationaux, d'un personnel de garderie payé sur leurs ressources propres. Ces gardes doivent être commissionnés.

4° Autres agents

Peuvent également dresser procès-verbal en matière d'infractions de chasse : les maires, commissaires de police, gendarmes, agents assermentés et ingénieurs de l'O.N.F., gardes de pêche, gardes champêtres et lieutenants de louveterie.

II. LES POUVOIRS DES GARDES

1° La constatation des infractions de chasse

Les gardes ont pour mission commune de dresser procès-verbal des infractions à la réglementation de la chasse qu'ils constatent. Le procès-verbal est un mode de preuve qui fait foi jusqu'à la preuve du contraire.

2° Le droit de recherche du gibier

En temps prohibé ou en cas d'interdiction préfectorale de vente, il appartient aux gardes nationaux de rechercher le gibier, dans les lieux publics (halles, marchés, rues, places, gares...) et au domicile des aubergistes et marchands de comestibles. Ils possèdent également le droit de visiter les carniers des chasseurs et personnes les accompagnant. En revanche, la visite des voitures et des paniers de particuliers ne saurait légalement être exigée.

10 QUESTIONS SUR L'ORGANISATION DE LA CHASSE

I/Q. : Qui nomme les présidents de Fédération départementale ?
R. : Le ministre chargé de la chasse.

II/Q. : Le préfet peut-il suspendre la chasse dans son département et si oui, dans quelles conditions ?
R. : Oui. En cas de calamités, d'incendies, de gel, d'inondations.

III/Q. : Combien le conseil d'administration de l'Office de la chasse comprend-il de représentants des chasseurs ?
R. : Neuf.

IV/Q. : Quels sont les objectifs des services techniques de l'Office national de la chasse ?
R. : Maintenir et améliorer le capital cynégétique (études sur gibier et aménagement des territoires).

V/Q. : Les gardes fédéraux dépendent maintenant de l'Office national de la chasse : comment les appelle-t-on ?
R. : Les gardes nationaux.

VI/Q. : Quel est, en montagne, la superficie minimum d'un seul tenant qu'il faut posséder pour pouvoir s'opposer à l'entrée dans une A.C.C.A. ?
R. : 100 hectares.

VII/Q. : Combien y a-t-il de régions cynégétiques en France ?
R. : Sept.

VIII/Q. : Quel est le rôle du Conseil national de la chasse ?
R. : Il est purement consultatif et consiste à donner son avis au ministre chargé de la chasse sur la préservation de la faune sauvage, sur le développement du capital cynégétique, sur l'amélioration des conditions d'exercice de la chasse.

IX/Q. : Quel est le service qui prépare les textes et décisions du ministre en matière de chasse ?
R. : La direction de la Protection de la nature.

X/Q. : En quelle année les brigades mobiles ont été créées ?
R. : En 1976.

Lievre

3

LE GIBIER

Les espèces chassables

Petit et gros gibier. De plaine et de montagne. Vie. Mœurs. Nourriture.

Nous allons maintenant passer en revue les différentes espèces de gibier qui peuvent être chassées. Chaque animal a ses mœurs, son habitat et aussi ses exigences qu'il est bon de connaître et de respecter. On ne tire pas sur n'importe quoi, et pour prélever du gibier il faut avant tout le mériter. En outre un bon chasseur doit savoir également qu'il n'est plus admis de chasser sans se soucier des possibilités de reconstitution du cheptel d'un territoire donné.

PLAINE ET BOIS

LE PETIT GIBIER A POIL

Le lièvre

Le lièvre est implanté sur l'ensemble du territoire avec une densité plus ou moins forte. Néanmoins, on constate qu'il prospère plus sur les territoires de grande plaine et de boqueteaux que sur les territoires bocagers. On le rencontre même à des altitudes assez élevées (1 500 m).

Son habitat varie suivant les saisons et le climat : il se trouve plutôt en plaine quand il fait chaud ou qu'il vente, plutôt en forêt ou sous-bois lorsqu'il fait froid.

Les mœurs du lièvre sont crépusculaires et nocturnes. En période d'activité, il se déplace énormément et ruse invariablement avant de regagner son gîte, dans lequel il reste toute la journée, comptant sur son mimétisme pour ne pas attirer l'attention. Il n'y a guère qu'en période de rut qu'on peut le voir en plein jour. Le lièvre est un solitaire, qui vit cantonné dans un secteur déterminé, que l'on estime d'un kilomètre de rayon.

Rut ou bouquinage

La période de bouquinage débute en janvier et s'intensifie en mars-avril. Les mâles ou bouquins, venus quelquefois de fort loin (10-15 km), se disputent âprement les hases ou femelles. La hase, qui peut reproduire avant un an, met au monde chaque année 3 ou 4 portées de levrauts après 40 jours de gestation. Les lièvres font partie des rares animaux soumis au phénomène de superfétation, c'est-à-dire que la femelle peut être fécondée alors qu'elle est encore pleine.

Les levrauts — entre 2 et 5 — sont mis au monde à même le sol et allaités pendant environ 25 jours, après quoi ils sont totalement indépendants. Les premières naissances ont lieu en mars, les dernières en octobre. Malheureusement, dans les jeunes les pertes sont souvent considérables, et l'on estime que, par hase existant sur un territoire d'hiver, seuls subsistent 3 ou 4 levrauts.

Nourriture

La nourriture du lièvre est exclusivement végétale ; pendant ses randonnées, il grignote fruits, blé tendre, choux, etc.

Maladies

Le lièvre est un animal extrêmement sensible, très facilement effarouché par le bruit, la présence humaine, aussi est-il difficile d'en faire l'élevage. Quant au lièvres d'importation, ils ont souvent beaucoup de mal à se remettre du « stress » de la capture et du voyage même s'ils sont parfaitement sains au départ.

Les principales maladies du lièvre sont généralement parasitaires : *la coccidiose, la leptospirose et la tularémie* provoquent beaucoup de dégâts dans la population. Un arrêté du 25 mars 1982 vient d'interdire l'importation de lièvres de pays non européens pour limiter les épizooties.

Principaux adversaires de l'espèce

— Les prédateurs : renards, mustélidés (belettes, fouines, etc.), chats harets, chiens errants.
— Les produits chimiques : herbicides, insecticides (les colorants nitrés sont dévastateurs).
— Les routes, principalement par temps de pluie.
— Certaines méthodes de culture : brûlage ou broyage des chaumes et pailles.
— La pression de chasse : on considère qu'il ne faut pas prélever plus de 50 pour 100 d'un cheptel de lièvres pour le voir reconstitué l'année suivante. C'est en fait un pourcentage trop élevé.

Aujourd'hui, la plupart des départements n'ouvrent la chasse du lièvre qu'en octobre pour éviter de tirer les hases encore allaitantes.

Quelques détails à connaître

— On reconnaît un lièvre de moins d'un an à la petite excroissance osseuse qui apparaît à l'articulation des antérieurs.
— Il est difficile de distinguer avec précision le sexe d'un lièvre, les organes génitaux extérieurs pouvant prêter à confusion. Sous-bois on arrive à reconnaître le passage ou la coulée d'un lièvre, car il grignote les extrémités des ronces pour se frayer un chemin. Le poids d'un lièvre adulte suivant l'âge et l'espèce peut varier de 2,5 à 6 kilos. Les plus gros lièvres se trouvent en Europe de l'Est.

— Un lièvre peut vivre cinq ans, mais l'espérance moyenne est d'un an et demi.
— On peut déterminer l'âge exact d'un lièvre en pesant le cristallin sec de l'œil de l'animal.

Le lapin de garenne

Le lapin est originaire du pourtour du bassin méditerranéen. C'est un rongeur de la famille des léporidés. Il a les pattes plus courtes que le lièvre et une démarche sautillante.

Par nature le lapin de garenne aime les sols et les climats secs, mais en fait il a une grande facilité d'adaptation. Animal sédentaire, il vit en colonie dans des terriers. Dans certains endroits où le sol est particulièrement dur, il vit généralement dans les buissons. Il se déplace peu, à 400 mètres de son terrier environ, alors que les jeunes vont plus loin (au maximum 3 kilomètres). Sa vie est plutôt nocturne, et quand il demeure dans les endroits très calmes il mène une vie diurne très active.

Chaque groupe de lapins est hiérarchisé et possède son propre territoire, n'hésitant pas à chasser les intrus.

Reproduction

Dans un groupe de lapins, seul le mâle dominant féconde les femelles. La reproduction dure de janvier à juin. La femelle fécondée creuse une courte galerie à l'écart (rabouillère) dans laquelle elle construit un nid d'herbes et de fourrure. La gestation dure entre 28 et 33 jours. Lors de la première portée le nombre de jeunes est assez restreint (de 3 à 7) ; il augmente au fil des portées. A la naissance, le lapereau est nu et aveugle, il pèse 50 g. En une semaine il double de poids, à 10 jours il a les yeux ouverts, à 20 jours il sort de la rabouillère.

Les femelles sont aptes à reproduire à l'âge de 6 ou 7 mois. Les mâles sont sexuellement matures à 9 mois.

Nourriture

Elle est végétale. Sédentaire et vivant en colonie, il fait le vide autour des garennes, et là où il pullule on le considère comme un véritable dévastateur. Ses préférences alimentaires vont aux végétaux herbacés, notamment les graminées (céréales). En période de disette hivernale le lapin n'hésite pas à s'attaquer à la strate arborée et à ronger les écorces.

Lapin de garenne

Maladies

La maladie qui affecte tout particulièrement le lapin est la myxomatose, introduite en France en 1952. Elle est venu d'Amérique du Sud après avoir fait escale en Australie, où le lapin était un véritable fléau.

Cette maladie fit du lapin, gibier de base de la chasse française, une denrée rare. Des études sont menées pour fabriquer un vaccin annihilant les effets du virus. On note qu'au fil des années certains groupes parmi ceux qui n'ont pas succombé à la maladie semblent immunisés. Symptômes de la myxomatose : yeux, tête, oreilles enflés. Sous sa forme aiguë la maladie tue l'animal en dix jours.

Adversités auxquelles l'espèce est soumise

— Mustélidés, renards, buses, rapaces nocturnes, corvidés, mouettes, chats sauvages, blaireaux.
— Les disettes alimentaires.
— La maladie : la myxomatose.
— Les combats entre mâles.
— Les inondations : noient les jeunes au terrier.

Quelques détails à connaître

— On juge de l'état d'alerte d'un lapin s'il a une ou les deux oreilles dressées.
— Comme le lièvre, le jeune lapin a une protubérance osseuse à l'articulation antérieure.
— Le poids d'un lapin de garenne varie entre 1,2 et 2,2 kilos.
— La durée de vie moyenne d'un lapin est de 1 an mais il peut aller jusqu'à 3 ans.
— La rabouillère est également appelée « jouette ».
— La myxomatose est transmise aux lapins par les puces et les moustiques.
— On détermine l'âge des lapins en pesant à sec le cristallin de l'œil de l'animal (de même pour le lièvre).
— Le lapin, bien que relativement rare à cause de la myxomatose, est toujours classé nuisible dans 50 départements.

LE PETIT GIBIER A PLUME

La perdrix grise

Oiseau des plaines cultivées, la perdrix grise s'est adaptée aux conditions créées par l'agriculture. En France elle est absente de la région méditerranéenne et du Sud-Ouest. Il en existe une sous-espèce *(Perdix perdix hispaniensis)* dans les Pyrénées. Elle vit donc généralement dans les plaines où elle trouve quelques abris pour se protéger des intempéries : haies, buissons, friches...

Perdrix grise

La perdrix vit au sol en permanence. Elle a d'ailleurs les pattes d'un oiseau marcheur et même coureur. A la fin de l'hiver, la femelle choisit un mâle, le même que l'année précédente s'il vit encore, et forme un couple qui reste uni jusqu'à l'hiver suivant. L'ensemble couple-couvée constitue la compagnie. Généralement les compagnies se dispersent en janvier ou février.

Reproduction

La perdrix est un oiseau monogame. Les accouplements commencent souvent dès décembre si le temps est doux et se prolongent jusqu'à la mi-mars. Quand le temps est très défavorable, il arrive que des couples se regroupent et forment des compagnies.

Les couples fixent définitivement leur territoire à la fin d'avril. Le nid, formé d'herbes sèches, de feuilles, de plumes et de duvet, est souvent placé à l'abri d'un buisson ou sur une bande herbeuse.

La ponte s'effectue début mai et comporte souvent une quinzaine d'œufs. La durée d'incubation est de 23 ou 24 jours. Quand une couvée est détruite pour diverses raisons, il y a souvent une quinzaine de jours après une couvée de remplacement : le recoquetage. Les jeunes sont nidifuges, ils quittent le nid dès qu'ils sont secs, une heure après l'éclosion. Pendant vingt-quatre heures, ils se nourrissent sur leur réserve vitelline qui reste dans le gésier et les intestins.

Ensuite, pendant trois semaines leurs parents les nourrissent d'insectes. A l'ouverture, les jeunes d'une deuxième couvée sont encore « pouillards » et ne doivent pas être tirés.

Nourriture

Suivant les saisons, les adultes se nourrissent différemment.

Hiver et début du printemps : graines, pulpe de betterave, racines, feuilles.

Printemps : bourgeons, fleurs, insectes.
Été : insectes, graines.
Automne : céréales.
Le régime est essentiellement végétarien.

Les jeunes

Jusqu'à l'âge de trois semaines ils sont insectivores ; dès la quatrième ou la cinquième semaine leur régime se rapproche de celui des adultes.

Adversités auxquelles se heurte l'espèce

— Les prédateurs communs.

— Les méthodes de culture, produits chimiques, ensilage des luzernes.

— Pluies et orages sur les couvées ; terre argileuse humide dans laquelle les jeunes s'engluent.

— Destruction des chemins, talus, etc.

— Raréfaction des insectes, nourriture de base des jeunes.

Aménagements souhaitables

— Piégeage des prédateurs.
— Création de bandes abris et de couverts où les oiseaux trouvent refuge.
— Apport de nourriture complémentaire : agrainoirs...

Quelques détails à connaître

Pour sa survie l'hiver, la perdrix a besoin d'abris et de couverts pour sa reproduction.

Le prélèvement doit tenir compte de l'accroissement à l'ouverture mais aussi de la mortalité hivernale (30 pour 100) ; raisonnablement il doit être de 30 pour 100 du cheptel, pouvant monter jusqu'à 40 pour 100 dans une année exceptionnelle et descendre à moins de 20 pour 100 dans une année défavorable.

La durée moyenne de vie d'une perdrix se situe entre 7 et 9 mois. On pense que dans des conditions naturelles la perdrix ne peut dépasser l'âge de 5 ans, le cycle d'une population étant révolu en 3 ou 4 ans.

On distingue le sexe des perdrix dans le détail du plumage des ailes. Chez le coq : les plumes scapulaires présentent une nervure longitudinale blanc jaunâtre, aux contours bien nets. Chez la poule : la nervure, moins bien délimitée, est coupée transversalement par deux bandes formant une sorte de croix de Lorraine.

La perdrix pèse en moyenne entre 380 et 420 g. Les bourdons sont des coqs non appariés, qui perturbent les couples qu'ils rencontrent en période de nidification. Pour les reprendre, on utilise une chanterelle, cage dans laquelle est enfermée une femelle qui appelle les mâles isolés.

La perdrix rouge

La perdrix rouge cohabite avec la perdrix grise au nord de la Loire, et on en rencontre même sur

Perdrix rouge

certaines chasses de Normandie. Les Anglais, quant à eux, ont parfaitement réussi sa réimplantation dans le sud et même le nord de leur pays. L'espèce est communément répandue dans le centre et le sud de la France. On la rencontre dans les garrigues semi-désertiques car elle aime les terrains secs ; néanmoins elle se reproduit mieux dans les régions de polyculture et boisées. La perdrix rouge vit en compagnies moins compactes que celles des perdrix grises, elle n'hésite pas à se brancher en cas de danger.

Reproduction

Elle correspond à celle de la perdrix grise mais les nids sont mieux abrités, il y a généralement un peu moins d'œufs (10 en moyenne). Seule la femelle veille sur le nid.

Nourriture

Sa nourriture est à peu près équivalente à celle de la perdrix grise avec un pourcentage d'insectes beaucoup plus important.

Quelques détails supplémentaires

— La perdrix rouge est plus grosse et vole plus vite que la perdrix grise.

— On la reconnaît facilement grâce à son bec et ses pattes rouge vif.

— Les coqs âgés portent au torse et aux pattes une forte protubérance.

— Le prélèvement que l'on peut faire sur une population de perdrix rouges est semblable à celui que l'on peut opérer chez les perdrix grises.

Le faisan commun

Le faisan est un gallinacé originaire d'Asie. Il fut introduit en Europe il y a plus de trois mille ans.

A l'état vraiment naturel il est assez rare dans nos régions, sauf peut-être en Sologne. Toutefois son élevage, assez facile, a fait de lui un des gibiers de base de la chasse française, d'autant plus que c'est un magnifique oiseau de chasse à tir. Les jeunes faisans vivent en compagnie avec la poule faisane jusqu'à l'âge de quatre mois, époque à laquelle ils prennent leur plumage d'adulte : on dit alors qu'ils sont *maillés.* Le faisan est un oiseau sédentaire, hôte des bois mais plutôt sur les lisières, où il trouve sa nourriture. C'est un excellent piéteur et, comme le lièvre, il croise et recroise ses voies quand il a un animal à ses trousses.

Reproduction

La reproduction a lieu au cours du mois d'avril la poule faisane pond à terre de 10 à 18 œufs qu'elle couve pendant un peu plus de 3 semaines, généralement 23 jours. Si la première couvée est détruite par des intempéries ou pour toute autre raison, la poule peut faire une ponte de remplacement, généralement moins importante, appelée *recoquetage.* Dans le cycle de reproduction normal, un mâle féconde plusieurs poules.

Nourriture

Le faisan se nourrit essentiellement de larves, d'insectes, il apprécie tout particulièrement les chenilles et les œufs (faisandeaux), mais il ne néglige pas non plus les baies, glands et céréales diverses. Quand il est adulte, sa nourriture devient plutôt végétale.

Le faisan est un grand consommateur d'eau. Aussi est-elle indispensable si on veut le fixer sur un territoire.

Aménagements souhaitables

— Piéger intensivement les prédateurs.
— Veiller à ce que l'eau ne manque pas.
— Agrainer durant l'hiver à heures fixes et sur des sentiers d'agrainage.
— Éclaircir un peu les territoires trop fourrés.

Faisan commun

Quelques détails à connaître

— Il est bon de lâcher les jeunes d'élevage à l'âge de trois semaines, pour qu'ils retrouvent un véritable aspect sauvage (méthode utilisée en Angleterre).

— La poule est plus petite que le mâle et sa queue est plus courte.

— Généralement on ne tire le faisan que vers la mi-octobre, mais il faut savoir que plus on avance en saison, meilleure est la chasse.

— Il existe de nombreuses autres variétés de faisans : l'obscur, le versicolore...

— Pendant la chasse, il faut plutôt tirer les coqs de façon à laisser les femelles pour la reproduction.

Le faisan vénéré

Le faisan vénéré est originaire des contrées boisées de la Chine septentrionale. Il fut introduit en Europe en 1831 par le Britannique John Reeves. La première implantation en France à l'état sauvage aurait eu lieu vers 1866 en forêt de Gergy (Saône-et-Loire).

Cet oiseau magnifique, dont la queue peut atteindre jusqu'à 2 mètres de long, est très localisé en France.

Faisan vénéré

Il vit dans les forêts de caduques (chênes, hêtres, bouleaux, ormes, tilleuls, etc.). On en trouve aussi bien dans le sud que dans le nord de notre pays mais sur des terrains de même composition. Oiseaux sédentaires, les mâles sont moins discrets que les femelles, ils se perchent dans les arbres la nuit.

Reproduction

La parade commence à la fin mars. Les poules nichent en avril et déposent au sol entre les racines d'un grand arbre de 7 à 15 œufs, à raison d'un par jour. L'incubation dure environ 25 jours. Les poussins suivent la poule jusqu'à ce qu'ils volent, mais on ne sait pas encore exactement à quel âge ils se séparent de leur mère.

Nourriture

Le faisan vénéré se nourrit essentiellement de végétaux, glands, fèves, baies et graines, ainsi que de grandes quantités de pousses d'herbes.

Quelques détails à connaître

— Le faisan vénéré a une taille et un poids supérieurs à ceux de notre faisan commun : il peut peser jusqu'à 1,6 kg.
— Il est moins vulnérable aux prédateurs que le commun et n'hésite pas à faire face aux plus petits d'entre eux.
— On peut venir en aide à l'oiseau l'hiver en l'agrainant.
— Il faut veiller à ce qu'il ait toujours de l'eau.

LES PETITS GIBIERS MIGRATEURS

La caille

Caille des blés

Autrefois très répandue à l'ouverture, elle repartait peu de temps après en Afrique pour la saison d'hiver. Aujourd'hui moins commune, elle a pratiquement disparu de certaines régions. En fait elle quitte notre pays entre le 15 août et le 30 septembre. Ce petit oiseau qui vole si mal à la chasse, en ligne à 2 mètres au-dessus du sol, n'hésite pas à traverser mers et déserts au moment des migrations. La caille revient en France entre la mi-avril et la mi-mai.

Reproduction

La caille est un oiseau prolifique et a, si le temps est propice, deux ou trois couvées. Son nid est fait à même le sol (généralement dans des céréales) et contient une dizaine d'œufs. L'incubation dure 21 jours. Très vite (au bout de quelques jours seulement), les cailleteaux subviennent à leurs besoins et dès l'âge de 5 semaines ils se dispersent. Le mâle est polygame et bataille beaucoup avec ses congénères au moment des parades.

Nourriture

Elle est identique approximativement à celle de la perdrix, au moins pendant la période d'été : végétaux, céréales, insectes.

Quelques détails à connaître

— On suppose que, lors des migrations, les tempêtes noient énormément d'oiseaux, ce qui expliquerait la fréquentation très faible de certaines années.
— On élève très facilement une espèce de caille, la caille du Japon, souvent utilisée pour le dressage des chiens.
— La caille absorberait assez facilement de la ciguë, provoquant, mais très rarement, des troubles chez certains chasseurs gourmets.
— Les principaux ennemis de l'oiseau sont les petits prédateurs, mais principalement les chats.
— Dans le sud de la France, l'ouverture de la chasse après la mi-septembre place pratiquement la caille sous protection. En effet, à cette date, elle a quitté notre pays.

Les pigeons

Il existe plusieurs espèces de pigeons gibiers ; néanmoins, le plus communément chassé est le pigeon ramier, encore appelé « palombe « dans le Sud-Ouest.

L'habitat du pigeon ramier s'étend jusque dans le nord de l'Europe. Dès les premiers froids, il migre vers le sud, ce qui donne lieu à des chasses très particulières dans le Sud-Ouest (filet horizontal dans les Landes, vertical dans les cols pyrénéens).

Le ramier, d'un volume supérieur aux autres variétés, se reconnaît facilement grâce à sa collerette blanche.

Reproduction

Les pigeons s'accouplent début mars, les ramiers font leurs nids dans les grands arbres (ils nichent peu sur la côte atlantique au sud de la Loire et en Méditerranée) alors que les colombins préfèrent les rochers ou les falaises. Les femelles ont deux ou trois couvées de la fin du mois de mars jusqu'en août. A la suite de quoi les oiseaux se réunissent en bandes importantes pour les migrations.

Nourriture

La nourriture des pigeons est essentiellement composée de glands, de feuilles, de fruits et de

Pigeon ramier

graines. Ils s'abattent en bandes nombreuses sur les cultures dans lesquelles ils font de gros dégâts (semis, mais aussi dans le maïs et le colza).

Quelques détails à connaître
— L'espérance de vie moyenne d'un ramier est de 3 ans.
— Le pigeon ramier est classé nuisible dans certains départements, d'où la prolongation de la période de chasse.
— Le ramier est l'une des rares espèces dont les effectifs se maintiennent.

Les grives

Plus on descend dans le sud et plus la grive est un gibier prisé. On en rencontre quatre espèces différentes en France : la *draine,* la plus grosse de toutes ; la *musicienne,* dont une partie de la popu-

Grive mauvis

lation est sédentaire ; la *litorne,* qui vient à l'automne du nord de l'Europe, ainsi d'ailleurs que la *mauvis.*

Ces oiseaux habitent les bois et les forêts mais aussi les parcs.

Reproduction

Les grives font leur nid dans les taillis et buissons, elles pondent à la fin mars 5 œufs qui sont couvés pendant une période de 13 à 15 jours. Vers le 14e jour les jeunes sortent du nid et se tiennent à terre jusqu'à ce qu'ils puissent voler. Fin mai ou début juin a lieu très souvent une seconde ponte. Bien sûr, il s'agit là de généralités, chaque espèce ayant des caractéristiques différentes.

Nourriture

Les grives se nourrissent principalement de baies et de fruits : sorbiers, alisiers, genévriers, églantiers, aubépines, airelles, fruits mûrs, quelques graines.

Attention : dans certains départements, notamment bretons, le tir de la grive est interdit.

Alouette des champs

Les alouettes

Il en existe plusieurs variétés : l'*alouette des champs,* l'*alouette lulu,* l'*alouette calandrelle,* le *cochevis huppé,* l'*alouette calandre* (la plus grosse de toutes).

Toutes les alouettes sont désormais protégées, sauf l'alouette des champs, qui reste gibier.

Les alouettes sont des oiseaux marcheurs, et qui se reconnaissent facilement lorsqu'elles s'élèvent au-dessus de leur territoire pour chanter longuement. Elles migrent vers le sud dès la fin du mois de septembre en grandes bandes et remontent à la fin janvier.

Reproduction

Le nid est toujours à terre et les jeunes le quittent avant même de savoir voler, vers l'âge de 9 ou 10 jours. Les alouettes pondent en général, de la mi-avril à la fin mai, 4 ou 5 œufs qui sont couvés de 11 à 14 jours.

Nourriture

En automne hiver essentiellement végétale, dès avril la nourriture animale prédomine (chenilles et larves principalement).

Les tourterelles

Il en existe deux variétés à l'état sauvage en France. La *tourterelle des bois,* plus petite que l'autre et de couleur foncée avec des reflets violet-marron, vit éloignée des habitations. La *tourterelle turque,* que l'on reconnaît à son plumage plus clair et à la barre blanche qu'elle découvre à l'extrémité de sa queue quand elle s'envole, s'est établie en France depuis une vingtaine d'années, et s'y développe très rapidement, certaines d'entre elles étant sédentaires. Les tourterelles des bois, franches migratrices, arrivent en France en mai pour nidifier. La chasse de printemps en Gironde, interdite mais toujours pratiquée depuis environ 10 ans, a été autorisée pour la saison 84/85 et de nouveau interdite par le ministre en mai 1986 mais néanmoins pratiquée, une ineptie qui risque de durer encore ! La tourterelle des bois fait deux couvées de deux œufs chacune en mai et en juillet ; elle niche dans les baliveaux et les buissons. Sa nourriture est essentiellement composée de graines.

Tourterelle des bois

La bécasse

La bécasse aime particulièrement les sous-bois humides, le bord des ruisseaux. Quelques sujets vivent en France toute l'année, mais les nidifications dans notre pays restent des cas isolés. Elles arrivent chez nous au mois d'octobre ou de novembre et descendent vers les côtes méditerranéenne et atlantique lorsque le froid les y oblige. Les bécasses restent au bois pendant le jour, souvent tapies au sol ; quand vient le soir, elles sortent pour aller se nourrir dans les prairies humides. En février-mars les bécasses remontent vers leurs lieux de nidification du nord de l'Europe ; les passages sont très variables d'une année sur l'autre, d'où, de temps à autre, des migrations spectaculaires.

Reproduction

En mars les mâles cherchent les femelles et volent au crépuscule à faible hauteur, sans bruit, en poussant des petits cris. Cette pariade s'appelle la *croule.* Il arrive que les bécasses croulent une seconde fois en juin. Le nid est posé à terre, quatre œufs y sont pondus ; à peine éclos, les poussins au duvet jaune moucheté de brun font preuve d'indépendance. Les bécasses ont en principe deux couvées par an.

Bécasse

Nourriture

Elle consiste en vers de toutes sortes, en insectes, en petites limaces jaunes et grises et en petits escargots. Les bécasses ne dédaignent pas non plus les larves. Elles fouillent le sol avec leur long bec et déménagent lorsqu'il gèle, car elles ne peuvent plus verroter.

Quelques détails à connaître

— Depuis 1978, la chasse à la croule et celle à la passée sont interdites.
— On appelle *pairon* deux bécasses réunies au même endroit qui peuvent soit se lever ensemble, soit partir l'une après l'autre.
— On remarque que l'œuf, blanchâtre à la ponte, se pigmente à la chaleur et à la lumière du jour.
— A l'extrémité de l'aile on trouve une petite plume très pointue, de 30 mm environ, appelée la plume du peintre.
— Le poids moyen d'une bécasse oscille autour de 350 g.
— Il existe deux espèces : la *Scolopax rusticola* européenne et la *Philokela minor* américaine, plus petite (on ne rencontre pas cette dernière en Europe).
— L'angle de vision de la bécasse est de 180° ce qui lui permet de se faufiler dans les taillis les plus épais.
— La bécasse est interdite à la vente.
— Dans les départements où l'on trouve de fortes concentrations de bécasses, les chasseurs ont d'eux-mêmes décidé de limiter leurs prélèvements journaliers sur cette espèce (Côtes-du-Nord 1982, extension en 1985 aux 4 départements bretons).

LE PETIT GIBIER DE MONTAGNE

Le grand tétras

On l'appelle aussi grand coq de bruyère. En France, on le rencontre dans les Pyrénées, où le peuplement reste bon, les Alpes et les Vosges. (Bien qu'interdit de tir depuis trois ans dans ce dernier massif, le grand coq y régresse dangereusement.)

Oiseau extrêmement sauvage, le grand coq de bruyère supporte mal les agressions de la vie moderne

Grand coq de bruyère

et la présence de l'homme. Dans de nombreux pays européens, en particulier en Scandinavie, le grand tétras vit en plaine, alors qu'en France son habitat se situe entre 700 et 2 000 mètres. Ce gallinacé ne vit qu'en forêt de conifères (sapins, épicéas et pins), il aime les futaies épaisses où se mêlent d'autres essences. Lourd et massif, il vole assez mal et toujours sur des distances assez courtes.

Reproduction

Suivant les massifs montagneux et certainement pour des raisons météorologiques, la pariade a lieu en avril ou en mai. Le mâle a une place de chant qu'il gagne avant la nuit, souvent une haute branche dans un pin ; le chant doit servir à intimider les rivaux, mais il est très rare que les grands tétras se battent. La poule niche à terre et couve sur une touffe de bruyère ou entre deux racines. Sur son nid elle dépose quelques feuilles, quelques brindilles et plumes. Elle pond de 7 à 12 œufs entre mai et juin et couve quatre semaines. Les jeunes quittent le nid dès leur naissance et se nourrissent d'insectes, de bourgeons ; leur croissance est extrêmement rapide.

Nourriture

Elle varie beaucoup suivant les saisons. Au printemps, elle se compose essentiellement de bourgeons, de jeunes pousses de bouleau, d'herbes. En été, le grand tétras se nourrit de baies et de fruits framboises, airelles, myrtilles... Il ne néglige pas les insectes, les vers. En hiver, il trouve encore des graines et s'attaque aux résineux sur lesquels il peut faire quelques dégâts.

Là où la chasse du grand tétras est permise, le tir de la poule et du coq non maillé est interdit.

Le petit tétras

Petit coq de bruyère

Le petit tétras, trois fois moins gros que le grand coq de bruyère, porte aussi le nom de *tétras-lyre* à cause du panache que forme sa queue. La population de petits coqs s'étend sur la chaîne des Alpes jusque dans ses confins.

Il habite à des altitudes variant entre 1 000 et 2 300 mètres. Dans certains endroits il vit à moins de 1 000 mètres. Tous les climats et tous les sols lui conviennent à condition qu'il y trouve sa nourriture. Comme le grand tétras le tétras-lyre est extrêmement sauvage et fuit la présence de l'homme.

Reproduction

La pariade des coqs a lieu en avril-mai, elle se déroule généralement dans les prairies très élevées. Comme pour le grand tétras les places de chant sont bien marquées. Les oiseaux sont sexuellement matures avant un an.

La poule fécondée niche dans le voisinage de la place de chant. Son nid posé à terre compte entre 6 et 8 œufs, qu'elle incube de 25 à 28 jours. Dans les naissances, comme chez le grand coq, le rapport des sexes semble avantager nettement les mâles (3 mâles pour 1 femelle). Les poussins sont nidifuges et se nourrissent essentiellement d'insectes.

Nourriture

La nourriture du petit tétras correspond à peu de chose près à celle du grand tétras : bourgeons, baies, fruits, rameaux, mais aussi vers, larves, araignées, mollusques, insectes.

La gelinotte

Vivant dans les biotopes très diversifiés de l'est de notre pays, la gelinotte est devenue un gibier rare.

De mœurs discrètes, elle est bien souvent difficile

à découvrir, mais on la rencontre encore dans les Vosges, le Jura, les Alpes et les Ardennes. Par nature elle préfère les sous-bois humides, pourtant elle s'adapte très bien aux sous-bois secs. Elle vit à des altitudes qui varient entre 1 000 et 2 000 mètres. Faisant partie des tétraonidés, la gelinotte est monogame : elle vit en couples, passe la journée à terre et la nuit perchée dans un arbre. Fait étonnant, on a observé des gelinottes grimpant sur des troncs d'arbres verticaux à l'écorce assez rugueuse.

Gélinotte

Reproduction

La pariade, très calme, débute vers la mi-mars mais bat son plein en avril. Dès qu'elle est terminée, vient la nidification. La poule fait son nid à terre comme les autres tétraonidés ; elle y dépose 8 œufs vers la mi-avril, l'incubation dure 3 semaines ; si les œufs sont détruits, il arrive qu'il y ait une couvée de remplacement. Les jeunes, nidifuges, se nourrissent d'insectes et de fourmis.

Nourriture

Comme les tétras la gelinotte adulte se nourrit de bourgeons, de jeunes feuilles, de baies, de fruits, mais aussi de quelques vers et insectes.

Lagopède en plumage d'hiver

Le lagopède

Ses pattes emplumées ressemblent à celles du lièvre, d'où son nom. L'oiseau vit en altitude dans les Alpes et dans les Pyrénées (entre 1 800 et 3 500 mètres). De tous les oiseaux gibiers il vit le plus haut au-dessous des glaciers et des grands névés.

Le lagopède aime les pentes abruptes mais aussi les terrains désertiques. Sa principale caractéristique est sa mue : brun au printemps et en été, il devient d'une blancheur immaculée en hiver avec, au-dessus de l'œil, un sourcil rouge. Bien que son comportement soit imprévisible, il redoute moins la présence de l'homme que les tétraonidés. Il ne faut pas se laisser impressionner par des rassemblements d'automne qui recouvrent de vastes secteurs, la population est en fait assez faible.

Reproduction

Les couples se forment au printemps, l'espèce étant monogame. La pariade a lieu en mai, à la suite de quoi la poule fait son nid à terre et y dépose 7 ou 8 œufs qui sont incubés pendant 22 ou 23 jours. Il arrive qu'il y ait une seconde ponte moins importante lorsque la première est détruite. Les jeunes sont nidifuges.

Nourriture

Presque exclusivement végétale : feuilles, tiges, rameaux, bourgeons, écorces, chatons, graines, mais aussi quelques baies et fruits. La nourriture animale est absorbée en quantité négligeable, même en été.

Lagopède en plumage d'été

Bartavelle

La bartavelle

Essentiellement rupicole, la perdrix bartavelle, d'une taille très supérieure à la perdrix rouge, à laquelle elle ressemble un peu, ne vit que dans les Alpes en faible densité. Elle aime les terrains secs et exige beaucoup d'ensoleillement. Elle vit entre 1 500 et 3 000 mètres. Moins sauvage que les autres oiseaux de montagne, la bartavelle n'hésite pas à s'installer à proximité de chalets, de granges...

Reproduction

Au printemps les compagnies se séparent. Les couples se forment en avril et les mâles veillent aux alentours du nid pendant la couvaison. La femelle niche entre 1 500 et 3 500 mètres et dépose à terre, généralement dans un endroit découvert, de 9 à 16 œufs, qu'elle incube pendant 25 ou 26 jours. Si la couvée est détruite, il y a une ponte de remplacement.

Nourriture

Les jeunes se nourrissent d'insectes pendant les premières semaines, mais très rapidement leur régime se transforme : graines d'herbes, bourgeons. La bartavelle est en effet végétivore.

Le lièvre variable

Souvent appelé *blanchot,* le lièvre variable vit une bonne moitié de l'année dans la neige. En hiver il est blanc alors que son poil devient brun-roux en été. On le rencontre entre 800 et 3 500 mètres d'altitude. Chez nous, la population de blanchots est confinée aux Alpes mais en très faible quantité. Comme notre lièvre de plaine, il vit gîté dans l'herbe l'été, dans la neige l'hiver.

Reproduction

Sexuellement mature à un an, le lièvre variable est polygame et la femelle soumise à la superfétation. La gestation dure environ 50 jours et la femelle met bas entre 2 et 5 levrauts vers le mois de mai ; s'il y a une seconde mise bas, elle se produit en septembre. Un levraut de deux mois peut atteindre le poids de 1 kilo.

Nourriture

La nourriture du lièvre variable est végétale : graminées légumineuses (trèfle, sainfoin), bourgeons, feuilles, rameaux. En hiver, il grignote mousses et lichens mais aussi les écorces.

LE GIBIER D'EAU

Il ne s'agit pas dans cette partie du chapitre « Gibier » réservée au gibier d'eau de passer en revue toutes les espèces d'anatidés, toutes les espèces de limicoles. En effet, pour la plupart ces oiseaux sont migrateurs, la France et plus particulièrement les côtes françaises ne représentent pour eux qu'une escale sur leur voie de migration. Certains de ces oiseaux sont extrêmement rares chez nous (par exemple le harelde de Miquelon ou le garrot d'Islande...), d'autres ne viennent stationner que par grand froid (cygnes et oies). Ces oiseaux migrateurs passent l'époque de la reproduction dans les pays scandinaves, en Islande, en Écosse, en U.R.S.S., etc. Quand vient l'automne, ils descendent vers nos côtes soit pour y stationner durant tout l'hiver, soit avant de partir vers l'Espagne et l'Afrique... Dans notre pays, les périodes les plus propices au gibier d'eau sont en automne mais aussi à la remontée dès la fin de l'hiver.

La France est riche en biotopes à gibier d'eau, particulièrement grâce aux nombreuses baies qui se succèdent tout le long du littoral atlantique, de la Manche et de la Méditerranée (mont Saint-Michel, baie de Seine, bassin d'Arcachon, Camargue...). Depuis quelques années la chasse du gibier d'eau a été considérablement aménagée et continue à l'être ; il faut noter par exemple la suppression de la chasse de printemps qui se généralise (à cette époque de nombreux couples sont déjà formés).

La notion principale dont chaque chasseur de gibier d'eau doit être imprégné est la suivante :

Les populations de gibier d'eau sont assez restreintes malgré les grandes concentrations que l'on peut remarquer au moment des migrations, car à cette époque presque tous les oiseaux d'une même espèce se réunissent dans un espace relativement étroit. Il faut donc mesurer les possibilités de prélèvement et, comme cette tâche est très difficile, il faut plutôt essayer de limiter les tableaux pour ne pas ponctionner trop sévèrement les populations migratrices.

On peut diviser le gibier d'eau en cinq catégories principales :

1. Les canards de surface : cols-verts, sarcelles, souchet, etc.
2. Les canards plongeurs : milouins, milouinans, morillons, etc.
3. Les oies : cendrées, rieuses, des moissons, bernaches (protégées).
4. Les limicoles : chevaliers, bécasseaux, auxquels on peut joindre la bécassine, mais aussi les barges, pluviers, gravelots, etc.
5. Les ralidés : poules d'eau, foulques, marouettes, et râles.

LES CANARDS DE SURFACE

Le col-vert

De tous les anatidés c'est le plus commun dans notre pays, principalement grâce à l'élevage qui réussit généralement très bien. Il fréquente, dès qu'il y trouve de quoi se nourrir, tous les étangs, lacs, marais, cours d'eau (pas trop rapides). Il est établi dans toute la France. En bordure des côtes, le col-vert va en mer dans la journée et vient la nuit au gagnage à l'intérieur des terres.

Nourriture

Les principaux besoins des canards de surface consistent en plantes aquatiques qu'ils vont chercher à une très faible profondeur ; ils apprécient également les céréales (on surprend souvent des cols-verts dans les chaumes à proximité de plans d'eau). Les cols-verts consomment aussi beaucoup d'insectes, de mollusques et de vers. Ils aiment fouiller la vase et affectionnent tout particulièrement les plans d'eau dont les berges sont en pente douce. A leur naissance les canetons se nourrissent surtout d'insectes.

Reproduction

Le col-vert est monogame. Les couples se forment en automne et subsistent même dans les troupes d'hivernants. Dès février ils sont cantonnés au bord des plans d'eau, calmes de préférence ; la cane fabrique le nid, puis, si les conditions climatiques sont favorables, pond dès la fin de mars jusqu'à 15 œufs, qu'elle commence à couver une fois qu'ils sont tous pondus et cela pendant 28 jours. Les jeunes sont nidifuges et quelques heures après la naissance suivent leur mère sur l'eau. Si la couvée est détruite, la cane pond en principe une seconde fois.

Quelques détails importants

— Chez le col-vert le mâle s'appelle le *malard* et la femelle la *bourre*.

— A leur naissance les jeunes sont exposés à de nombreux dangers : renards, chats, vermine, brochets.
— La chasse du col-vert ferme vers la mi-février en France afin d'en assurer une meilleure protection lors de la migration de retour.
— L'élevage du col-vert réussit parfaitement. Néanmoins sa domestication trop facile et des croisements malhabiles dans certains élevages provoquent des dégénérescences graves.
— Les jeunes de huit semaines sont appelés *halbrans.*
— Au début du mois de juin les mâles muent (on dit qu'ils sont « en plumage d'éclipse ») et ne reprennent leur « plumage nuptial » qu'à la fin de l'été.

Chaque espèce de canard de surface possède sur ses ailes une plaque de plumes très colorées appelées « miroirs alaires ». Les canards plongeurs n'ont pas de miroirs alaires très marqués mais des taches blanches diversement disposées sur les ailes.

LES AUTRES CANARDS DE SURFACE

La sarcelle d'été

De la taille d'un pigeon, le ventre clair, son sourcil blanc la fait reconnaître facilement.

La sarcelle d'hiver

A peine plus petite que la sarcelle d'été ; le mâle a une tête rouge orangé avec un sourcil vert.

Sarcelle d'hiver

Le canard chipeau

Plus petit que le col-vert, le chipeau a un plumage discret. On distingue la cane chipeau de la cane col-vert grâce à la couleur orangée qu'elle porte sur le côté du bec et à la bande alaire postérieure blanche. Le mâle est gris-brun avec l'arrière-train noir.

Le siffleur

Sa tête rousse, barrée d'une raie dorée, en fait un canard élégant, tout habillé de gris et doté d'un bec gris bleuté à l'extrémité noire.

Le pilet

Sa longue queue très effilée le caractérise ainsi que son cou taché de blanc.

Le souchet

On ne peut pas ne pas reconnaître le souchet, doté d'un bec si particulier, large et aplati à l'extrémité.

N. B. — Certains de ces canards nichent assez fréquemment en France : souchets, sarcelles d'été, chipeaux.

Pilet

LES CANARDS PLONGEURS

On les qualifie de plongeurs, car ils recherchent sous l'eau, et quelquefois à une grande profondeur (la macreuse brune peut plonger à 20 mètres et rester 3 minutes sous l'eau) leur nourriture, qu'elle soit animale ou végétale. Certains de ces canards tels les harles sont totalement protégés. Tous ces oiseaux ont les pattes très en arrière du corps ; pour s'envoler d'un plan d'eau, ils courent à la surface comme les foulques et poules d'eau. A terre ils se déplacent plus difficilement que les canards de surface.

Quels sont-ils ?

La nette rousse

Certains la classent dans les canards de surface à cause de son envol. On l'appelle aussi *brante roussâtre*. Sa tête est volumineuse et rousse. Elle se reproduit régulièrement dans le sud-est de la France.

Les fuligules

Le milouin

Il a également la tête rousse mais moins grosse que chez la nette, le corps gris, le bec bleuté, noir à son extrémité, et les pattes grises. Il niche en France.

Le morillon

Sa tête noire huppée le rend facilement reconnaissable, son ventre est blanc. Il niche en France dans la principauté des Dombes et s'implante peu à peu en Sologne.

Les macreuses

« Brunes » et « noires » fréquentent nos côtes chaque hiver. Bon nombre d'entre elles s'y trouvent aussi l'été car ce sont des oiseaux essentiellement marins. Ce canard n'offre aucun intérêt au plan culinaire.

Il existe évidemment d'autres canards plongeurs que l'on rencontre peu souvent, voire exceptionnellement : le fuligule Nyroca, fréquent en Europe centrale, le garrot œil-d'or, le harelde de Miquelon, l'eider à duvet.

Les oies

Plus grosses que les canards mais moins volumineuses que les oies domestiques, les oies sauvages ont généralement un plumage gris-brun (exception faite pour l'oie des neiges, blanche et totalement protégée avec les différentes variétés de bernaches).

L'oie est un oiseau essentiellement herbivore qui, en sécurité, se nourrit le jour dans les grandes plaines et se repose la nuit sur de vastes plans d'eau. En cas de danger, l'espèce inverse ses habitudes. Les migrations d'oies sont très remarquables, fort bruyantes ; dotées d'une grande envergure (plus de 1,50 m), elles circulent en un V impeccable. Elles passent au-dessus de notre pays à partir d'octobre et lors des grands coups de froid, et remontent vers leurs lieux de nidification à partir de mars. En France, la nidification est pratiquement nulle.

On distingue quatre espèces d'oies chassables :

— L'oie cendrée : on la distingue de l'oie des moissons grâce à ses pattes roses. En raison des difficultés qu'a connues l'espèce sur ses zones d'hivernage dans le sud de l'Espagne ces dernières années, le ministère de l'Environnement a décidé le 8 février 1982 de n'autoriser que le tir d'une seule oie cendrée par chasseur jusqu'à la clôture du gibier d'eau de la même année. Cette mesure tend vers l'instauration progressive dans les prochaines années d'un « pré-

Col-Vert

Sarcelle d'été

Sarcelle d'hiver

Chipeau

Siffleur

Pilet

Souchet

Nette Rousse

Milouin

Morillon

Macreuse Brune

Macreuse Noire

lèvement maximal autorisé » pour tous les chasseurs de gibier d'eau.

— L'oie des moissons est aussi grande que l'oie cendrée mais elle a le bec et les pattes jaunes. Fréquente en France.
— L'oie à bec court, plus petite que les précédentes, a un bec petit rose et noir, et les pattes roses.
— Enfin, l'oie rieuse, la plus petite des espèces visibles en France. Elle a le bec avec un onglet blanc et des pattes jaunes.

Les limicoles

Dotés d'un long bec leur permettant de fouiller la vase ou les prairies pour y trouver leur nourriture, ces oiseaux sont de grands migrateurs.

Une description minutieuse de tous les bécasseaux et chevaliers ne s'impose pas, d'autant plus qu'il faut avoir une solide expérience pour tous les différencier. Cette expérience sera désormais d'autant plus difficile à acquérir que tous les bécasseaux, sauf le maubèche, sont protégés. Parmi les chevaliers, seul le guignette bénéficie d'une protection totale.

Pour distinguer tous ces oiseaux on ne peut que renvoyer le lecteur à certains ouvrages spécialisés.

Les espèces les plus courantes en France :

Bécasseaux : maubèche (le plus gros), cocorli, violet, minute, sanderling, falcinelle, variable, de temminck ;

Chevaliers : guignette (protégé), cul-blanc, stagnatile, sylvain, gambette, combattant, arlequin, aboyeur.

D'autres espèces sont plus facilement reconnaissables

Les barges rousse et à queue noire se distinguent l'une de l'autre grâce à la barre noire sur la queue de la seconde. Quand elles passent dans nos régions, il est parfois difficile de les différencier, car elles ne sont pas encore en plumage nuptial.

L'huîtrier-pie, perpétuellement en demi-deuil (on l'appelle aussi pie de mer), a l'œil et le bec d'un rouge éclatant.

Le courlis cendré et le courlis corlieu

Très reconnaissables grâce à leur long bec incurvé, ils se différencient l'un de l'autre par la taille, très inférieure chez le courlis corlieu (appelé livergin). Le corlieu fréquente assez volontiers en petites bandes les marais de l'intérieur.

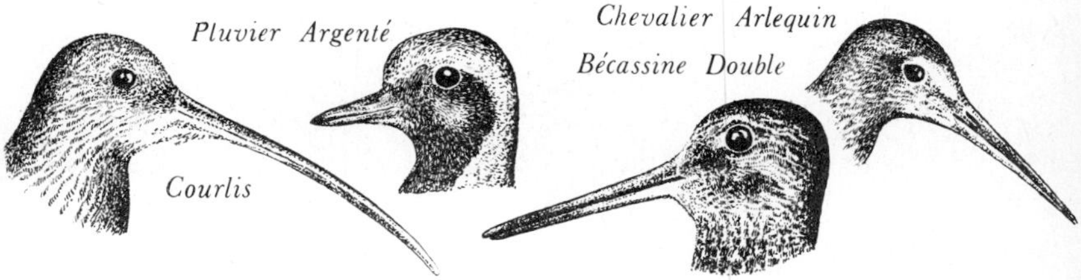

> **GRAVELOTS : CHASSABLES OU PROTÉGÉS ?**
>
> La chasse des gravelots est autorisée puisqu'ils sont encore sur la liste des espèces chassables. Cependant, la Direction de Bruxelles sur la protection des oiseaux prévoit leur protection intégrale. À ce jour aucune protection n'a encore été prise par le Ministre.

Les pluviers dorés et argentés

On reconnaît le second à la tache noire qu'il porte au creux de l'aile ; ils sont tous les deux de même taille, fréquentent les mêmes secteurs et sont très répandus chez nous au moment des passages.

Les gravelots

Il en existe trois variétés : le grand et le petit, qui portent une raie noire barrant leur front blanc, un collier noir autour du cou et qui se différencient par la taille ; le gravelot à collier interrompu, qui a la gorge toute blanche.

Vanneau huppé

Le vanneau huppé

Il fait l'objet dans notre pays, et cela depuis quelques années, d'une extraordinaire explosion démographique : on le rencontre partout. Il porte un plumage très coloré, sa huppe le singularise.

Les bécassines

Gibier roi, difficile à tirer à cause de son vol surprenant et rapide. Il en existe trois variétés : la *bécassine des marais,* communément répandue, qui niche en faible proportion dans la moitié nord de la France ; la *bécassine sourde,* plus petite, que l'on peut approcher de très près, d'où son nom ; enfin, la *bécassine double,* beaucoup plus volumineuse, rare dans notre pays (on dit qu'il y en a de gros passages dans les îles Anglo-Normandes).

Le baiser qu'elle envoie en s'envolant caractérise la bécassine des marais.

Les rallidés, poules d'eau et foulques

Ces oiseaux n'ont que peu de points communs hormis les endroits qu'ils fréquentent, étangs et roselières, et leur extrême discrétion.

Les rallidés ne nagent pas mais se contentent de marcher sur des eaux envahies par la végétation. Il s'agit du râle d'eau, de la marouette ponctuée et de la marouette de baillon ; le râle des genêts (roi des cailles)*, quant à lui, fréquente les prairies fraîches.

Les foulques et poules d'eau sont d'excellents nageurs et plongeurs ; leurs pattes ont une palmure particulière : chaque doigt est entourée d'une membrane.

La foulque macroule (judelle), à la livrée noire et au bec blanc, porte une crête blanche alors que celle de la poule d'eau, inférieure en taille, est rouge.

* Le râle des genêts est désormais protégé.

Foulque

Poule d'eau

Râle d'eau

Râle des genêts

LE GRAND GIBIER DE PLAINE ET DE MONTAGNE

Le chevreuil

Le chevreuil est certainement le grand gibier le mieux représenté dans notre pays. Dans toutes les régions où le plan de chasse est instauré la population de chevreuils augmente. Cet animal de 18 à 30 kilos a coutume de vivre dans les boqueteaux, taillis ou fourrés et sur les lisières des forêts. Sa couleur diffère selon les saisons : très roux au moment du rut, son pelage se ternit en hiver, et aussi quand il devient vieux. Le mâle ou brocard vit généralement seul ou avec une chevrette, mais il arrive qu'en hiver, par temps très froid, les chevreuils se regroupent en petites hardes. Le chevreuil sort à l'aube et au crépuscule pour se nourrir, cependant si l'endroit où il séjourne est calme on peut le voir fréquemment en plein jour.

Le chevreuil a des sens très développés. Son ouïe est excellente et très sélective, et la finesse de son odorat lui permet de sentir un homme sous son vent à 150 mètres. Quant à sa vue, elle est bonne sans être exceptionnelle. Le cri des adultes ressemble à un aboi rauque, ils le poussent lorsqu'ils ont peur ou qu'ils sont en colère.

Reproduction

La maturité sexuelle a lieu à 1 an pour les deux sexes, mais les femelles de 1 an sont très souvent infécondes. Les jeunes femelles ne mettent bas qu'un seul petit. Les meilleurs reproducteurs ont entre 3 et 6 ans pour les mâles et peuvent aller jusqu'à 8 ans chez les femelles.

Dès le début du rut, entre le 15 juillet et le 15 août, le mâle devient inquiet, agressif, imprudent. Il recherche les chevrettes en les suivant à la trace. Le chevreuil, contrairement au cerf, n'est pas polygame

Chevreuil

bien qu'il lui arrive quelquefois de couvrir plusieurs chevrettes.

Les chevrettes sont réceptives pendant 2 ou 4 jours au moment du rut, à la suite de quoi elles portent leurs petits pendant 270 à 300 jours et mettent bas en mai ou juin. Les femelles âgées peuvent mettre bas trois jeunes. A la naissance le faon pèse 1 kilo environ, à un mois il pèse approximativement 7 à 8 kilos et dans de bonnes conditions il peut peser de 16 à 18 kilos en novembre. Les chevrillards — on nomme ainsi les faons de 6 mois — restent avec leur mère pratiquement jusqu'à maturité.

Chez les jeunes la mortalité est importante, si l'on estime l'accroissement réel de la population des adultes à 30 ou 35 pour 100 dans une bonne année. On peut dire qu'il naît autant de mâles que de femelles.

Nourriture

Végétarien exclusif, le chevreuil puise ses ressources en forêt ou dans les plaines cultivées. Au printemps il grignote les jeunes pousses tendres, les bourgeons (en particulier ceux du bouleau, qui lui donnent une sorte d'ivresse), dans les prairies il recherche le trèfle, le sainfoin, la luzerne, les céréales jeunes. En automne, il se nourrit de baies, de fruits variés, de glands, de raisins, etc. En hiver il s'alimente de feuilles de lierre, de ronces, de houx, et en cas de grande famine il lui arrive de peler l'écorce des arbres.

Les bois du chevreuil

Dès la naissance le jeune mâle a sur son os frontal deux protubérances osseuses qui soulèvent la peau et forment deux bosses : les pivots. Dès décembre pour les meilleurs, et vers le mois de juillet suivant pour les moins bons, un bourgeon va s'allonger jusqu'en août pour former deux petites dagues. C'est à cette époque que le jeune mâle se débarrassera de ses « velours » : on dit alors qu'il « fraie ». Très clairs au début, les bois brunissent sous des influences diverses. En février le chevreuil perd ses broches qui sont remplacées par

Brocard à perruque

Brocard assassin

Trophée de brocard

des dagues pourvues de meules. A noter que les « brocards d'avenir » peuvent être 4 cors dès leur deuxième tête.

Et le processus se poursuit, les brocards les plus vieux perdent leurs bois fin octobre, et cela jusqu'en novembre et même décembre pour les plus jeunes. Jusqu'à l'âge de cinq à huit ans, les bois s'accroissent d'année en année en épaisseur, en excroissances granuleuses : les *pierrures* sur la meule et les *perlures* sur le merrain. En principe un chevreuil adulte a trois pointes, mais il y a de nombreuses exceptions : brocard à une pointe (assassin), merrains supplémentaires, asymétrie, chevreuils à perruque (excroissance en velours quelquefois impressionnante).

Lorsque l'animal vieillit il ravale.

Les bois du chevreuil constituent le trophée. On donne une note aux trophées suivant un système de cotation international, tenant compte du poids des bois, de leur épaisseur, du nombre de pointes, de la longueur des merrains, de leur volume.

Quelques détails à connaître

— Chez le chevreuil les fientes sont appelées « moquettes ».
— Le chevreuil boit assez peu et en aspirant.
— Les chevreuils sont *anoures,* c'est-à-dire qu'ils n'ont pas de queue.
— Le tir à plomb est encore permis pour la chasse du chevreuil, néanmoins on ne saurait trop recommander de le tirer à balle.

— Le brocard marque la limite de son territoire en frottant ses bois contre les troncs d'arbres.
— On arrive à approcher à quelques mètres un chevreuil qui dort.
— Si l'on trouve un faon de quelques jours, il ne faut surtout pas le toucher afin d'éviter que la mère ne l'abandonne.
— La mâchoire du chevreuil compte 32 dents. Par un examen approfondi de la denture on détermine très exactement l'âge de l'animal. Il arrive exceptionnellement qu'il ait des canines, appelées « coins » ou « fleurs de lis ».
— Le prélèvement est fixé à l'échelle départementale par le plan de chasse. Pour les sélectionner il faut prélever dans toutes les classes d'âges et en priorité les animaux malades et mal venus.
— Les maladies les plus communes chez le brocard sont : le charbon, le mal de « brout » (troubles de l'alimentation), les œstres et la strongylose (parasite du foie et des poumons), les troubles d'origine hormonale (la perruque : il arrive que cette masse recouvre les yeux du chevreuil et le rende aveugle).
— Les principaux prédateurs du chevreuil sont les renards et les chiens errants.
— On peut aménager des territoires à chevreuil en créant des zones de gagnage en forêt.

Le cerf

Le cerf, roi de nos forêts, vit aussi bien dans les massifs de plaine que dans les massifs de montagne. En France, il jouit d'une implantation quasi générale, mais on trouve les densités les plus fortes en Ile-de-France, en Alsace et en Normandie.

Habitants des forêts, les cerfs et biches sont à la reposée dans la journée et sortent le soir pour se nourrir, leur activité se poursuivant une bonne partie de la nuit. Au cours de l'année leur mode de vie change : les biches vivent en hardes avec

les jeunes, elles se séparent pour la mise bas ; les cerfs s'isolent pour la chute des bois, les plus jeunes d'entre eux restant en petits groupes. Les plus forts se mettent avec une harde au moment du rut. En janvier ou février, s'il fait très froid, les mâles se regroupent en hardes importantes au centre des forêts.

A la reposée, dans la journée, le cerf apprécie les taillis sous futaie ou les massifs de houx au sein desquels il se dissimule fréquemment.

Reproduction

L'accouplement a lieu en septembre-octobre. A cette époque, les mâles perdent de leur prudence, deviennent agressifs et restent actifs une bonne partie de la nuit et souvent dans la journée. Pendant cette période les cerfs mâles poussent un cri d'appel et de défi appelé brame et n'hésitent pas à se livrer de violents combats pour la possession d'une harde (on a déjà retrouvé plusieurs fois deux combattants mort les bois emmêlés). Le mâle conducteur de la harde couvre les biches, cependant il arrive que certaines d'entre elles soient couvertes par de jeunes mâles qui rôdent autour. La biche porte 8 mois, soit un peu moins que la chevrette, et met bas en mai-juin. Elle peut être pleine dès l'âge de 2 ou 3 ans et ensuite chaque année jusqu'à l'âge de 12 ou 13 ans, puis elle devient stérile et est alors dite *bréhaigne.*

La harde de biches est généralement menée par une bréhaigne. A la naissance le jeune faon (qui porte ce nom jusqu'à l'âge de 6 mois) a une livrée qu'il perd au bout d'un mois ; le jeune mâle devient alors hère. (Légalement le cerf est faon jusqu'à l'âge d'un an, il est donc interdit de le tirer.)

Pendant la reproduction le mâle frotte ses bois contre les arbres pour marquer son territoire.

Nourriture

La nourriture de base du cerf consiste en herbes, feuilles, tiges, glands, faines, châtaignes, mais aussi en écorce lorsque l'hiver est très froid. Le cerf ne néglige pas non plus les céréales, les betteraves, les cultures en général, les prairies, dans lesquelles il fait fréquemment des dégâts, et les jeunes plantations ne sont pas à l'abri de ses déprédations. Les forestiers essaient de réduire ces inconvénients en créant des zones nourricières en forêt (plantations de choux et de prairies).

Évidemment, le cerf se développe mieux sur un terrain riche en minéraux : l'ampleur de ses bois est là pour en témoigner.

Les besoins en eau du cerf sont importants, non seulement pour étancher sa soif, mais aussi pour « se souiller » durant l'été : il se débarrasse ainsi des tiques et de tous les autres parasites.

A l'âge de un an le jeune hère orne son os frontal de deux dagues sans meules : il devient daguet. L'année suivante, à la repousse des bois, le jeune cerf qui porte soit des dagues avec des meules, soit des dagues avec un andouiller de massacre restera toute sa vie un cerf au trophée médiocre. Par contre celui

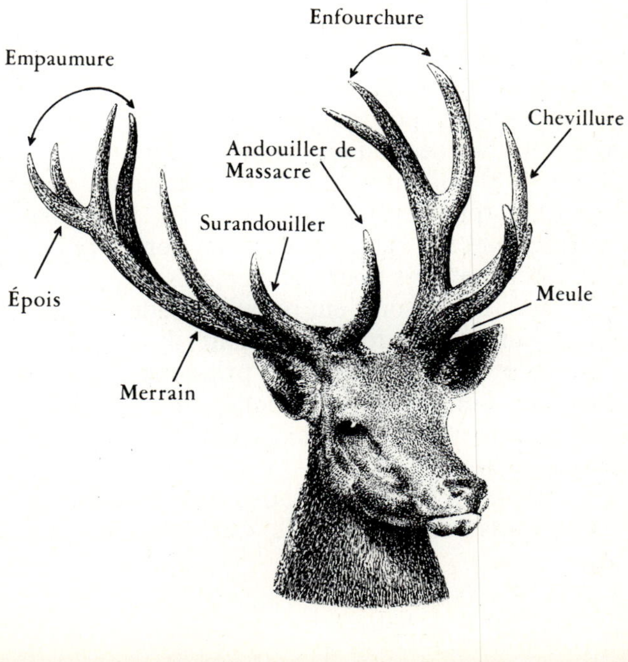

qui dès sa seconde tête passe directement de daguet à huit cors est considéré comme « cerf d'avenir ». Chaque année ses bois tombent, suivant l'âge de l'animal, entre la fin de février pour les plus vieux et la fin d'avril pour les plus jeunes. Ils repoussent aussitôt après en velours, puis se développent pleinement ; le mâle se débarrasse alors des velours en frottant ses bois contre les arbres. Pendant une bonne dizaine d'années les bois deviennent plus importants à chaque repousse. Cependant, il n'existe pas de règles dans la conformation des bois ; si il pousse chaque année un andouiller supplémentaire, certains cerfs peuvent en avoir 8 ou 10 dès leur deuxième tête ; d'autres en portent par exemple 8 toute leur vie : ce sont les « perpétuels ». Vers l'âge de 12 ans les cerfs commencent à ravaler.

Les bois du cerf constituent le trophée comme ceux du chevreuil ils sont soumis à un système de cotation international tenant compte de la longueur, du nombre de pointes, du poids, des perlures (voir page 209).

Quelques détails à connaître

On reconnaît les vieux cerfs à leur corpulence, à l'épaisseur du cou, à la façon dont ils portent la tête. Pour qu'une forêt puisse accueillir une population de cervidés sans en souffrir, il faut respecter l'équilibre agro-sylvo-cynégétique, lequel peut varier faiblement d'une forêt à l'autre suivant la richesse du terrain.

Les forestiers considèrent qu'il faut pour respecter cet équilibre 4 cervidés dans les forêts riches, 1,5 dans les forêts pauvres pour 100 hectares.

Les cerfs sont en principe sédentaires, cantonnés dans un massif forestier, dont ils occupent le centre l'hiver et les pourtours au printemps. Mais un certain nombre d'entre eux, particulièrement à l'époque du rut, entreprennent de très longs déplacements, ils sont dits alors cerfs « pèlerins ».

Le plan de chasse du cerf favorise le maintien des populations de cervidés. Certaines réimplantations de cerfs ont été parfaitement réussies, notamment dans les Cévennes. L'accroissement annuel réel est de 0,6 faon par biche d'un an et plus, ce qui permet de prélever au maximum 20 pour 100 pour maintenir une population stable.

Le cerf ne se tire qu'à balle.

Le cerf frotte ses bois :

— au moment du rut pour marquer son territoire,
— pour faire tomber ses bois,
— pour se débarrasser de ses velours et se brunir.
— L'endroit où il frotte ses bois s'appelle le « frayoir ».

Le sanglier

Le sanglier déroute le chasseur en permanence car il se déplace très souvent. Les jeunes de moins de deux ans vivent en compagnie avec les « laies » qui sont les femelles jeunes et adultes. A trois ans le mâle devient *tiers-an,* puis *quartanier,* enfin *solitaire.*

Sanglier

Cet animal extrêmement courageux a une résistance et des facultés de récupération extraordinaires lorsqu'il est blessé ou malade. Les sangliers de la famille des suidés fréquentent généralement les grands massifs forestiers, au sein desquels ils se réfugient. Ils passent la journée dans une *bauge,* au milieu d'un fourré, et n'en sortent que la nuit pour se nourrir. Avec l'extension des cultures de maïs, il arrive que les sangliers s'y installent jusqu'à la récolte, provoquant ainsi des dégâts considérables. L'indemnisation des dégâts de gibier versée par l'Office national de la chasse est imputable en grande partie aux sangliers.

Le sanglier est plutôt un animal de plaine mais des observations précises permettent d'affirmer qu'il n'hésite pas à passer certains cols à grande altitude. Il est également excellent nageur.

Reproduction

Les sangliers sont extrêmement prolifiques puisque dans les années moyennes le cheptel peut s'accroître de 100 pour 100 et de 150 pour 100 pour une excellente année, alors qu'il augmente déjà de 50 pour 100 dans les mauvaises années. Cet accroissement est uniquement lié aux possibilités de nourriture et aux conditions climatiques. En principe les laies n'entrent en rut qu'entre novembre et janvier, une fois par an, mais, depuis que les sangliers se nourrissent de cultures, elles sont couvertes plusieurs fois dans l'année ; après trois mois et demi de gestation elles mettent au monde entre trois et douze petits avec une faible mortalité chez les jeunes. Les « marcassins » portent jusqu'à l'âge de six mois un pelage rayé clair et fauve appelé « livrée », ensuite leur pelage devient roux, d'où leur nom de « bêtes rousses ».

Nourriture

Le sanglier est omnivore ; il consomme donc une nourriture extrêmement variée. Il faut reconnaître que lorsqu'il traverse une plaine cultivée il laisse des traces de son passage. Avec son groin puissant il retourne la terre pour capturer des petits mulots, des vers, des souris ; les charognes ne le rebutent pas ; il mange également des levrauts et lapereaux ; il arrive même que le sanglier s'en prenne aux chevrillards. Également végétarien, il consomme beaucoup de racines et de tubercules, de l'herbe, toutes sortes de céréales avec une préférence pour le maïs. En forêt, il recherche d'abord les glands et les châtaignes. Lorsque la glandée est excellente, les sangliers sortent moins des massifs forestiers, où ils se sentent en sécurité.

Quelques détails à connaître

— Le tir des marcassins en livrée est formellement interdit.
— Quoique, en France, il n'y ait pas d'éthique particulière dans ce domaine, il faut éviter de tirer les femelles accompagnées de jeunes et les petits sangliers, et laisser suffisamment vieillir les mâles.
— A un an les canines inférieures, appelées *défenses* ou *boutoirs,* apparaissent chez le mâle ; elles frottent et s'aiguisent en permanence contre les canines supérieures, les *grès,* l'ensemble étant très coupant. Chez les femelles les défenses sont moins développées.
— Le prélèvement est difficilement appréciable sur un territoire, compte tenu de l'erratisme de l'animal. Il faudrait qu'il soit envisagé sur un plan national.
— Certains départements obligent, pour chasser le sanglier, à prendre un timbre spécial (exemple en Seine-Maritime, le timbre sanglier coûte 40 F) pour aider à financer les dégâts aux cultures occasionnés par ces animaux, d'autres départements éditent un timbre grand gibier.

Le mouflon de Corse

Le mouflon, appartenant au groupe des ovins, a pratiquement disparu de son île d'origine (il en reste environ 500). Son implantation a parfaitement réussi dans diverses réserves du sud de la France. Plusieurs chasses de mouflon à l'approche viennent d'être créées, notamment par l'Office national des forêts. Le mâle porte de longues cornes spiralées qui constituent un magnifique trophée. Le pelage brun plus ou moins foncé peut être ou non tacheté de blanc. Suivant les variétés les mouflons ont des tailles et des poids bien différents : 75 cm et 45 kg pour le mouflon de Corse ; 125 cm et 200 kg pour le mouflon de l'Altaï en Asie soviétique.

Le mouflon, exigeant sur le choix de son habitat, recherche systématiquement les altitudes moyennes et les sols rocailleux, d'ailleurs sur des terrains humides et plats il souffre fréquemment de *piétin,* maladie connue chez les moutons et qui consiste en une infection, due à un virus, de la corne des sabots.

Les mouflons vivent en groupes dont la structure varie en fonction des saisons et de l'habitat. En hiver ils forment souvent des groupes mixtes guidés par une vieille femelle. Dès mars-avril les mâles adultes se séparent du troupeau et ne rejoignent les femelles qu'à la fin septembre pour le rut.

Reproduction

Le rut commence à la mi-octobre et dure jusqu'à la fin du mois de décembre. Bien qu'elles soient matures à 1 an et demi, les femelles ne sont généralement fécondées qu'à partir de 2 ans ; les mâles adultes les saillissent après s'être livrés à des combats et avoir écarté les plus jeunes d'entre eux. La gestation dure 5 mois au bout desquels il naît un seul jeune, rarement deux. A sa naissance l'agneau pèse environ 2 kg, mais à 10 mois il dépasse souvent 20 kg.

Nourriture

Le mouflon, essentiellement herbivore, n'occasionne pas de dégâts aux arbres comparativement aux cervidés. Son régime alimentaire dans notre pays consiste en feuilles, buissons, herbacées, fruits et graines (en très faibles quantités)

Mouflon

Quelques détails à connaître

— La seule chasse intéressante et sportive du mouflon est la chasse sélective à l'approche.

— Le taux d'accroissement de la population des mouflons est de l'ordre de 30 à 35 pour 100.

— Les mâles vivent en moyenne 10 à 11 ans, les femelles 14 à 15 ans.

— On estime l'âge des mâles à la croissance des cornes, qui constituent le trophée, et celui des femelles au masque facial clair qui se développe au fur et à mesure qu'elles vieillissent.

Le chamois et l'isard

Le chamois et l'isard — qui n'est autre que la variété pyrénéenne de l'espèce — vivent en montagne moyenne à des altitudes qui varient entre 800 et 2 300 mètres. Il existe deux variétés d'habitats chez le chamois, la forêt pour la majorité d'entre eux (sylvicoles), les espaces découverts à haute altitude pour les autres (rupicoles). En hiver, ils se réfugient tous en forêt. On signale des chamois de temps à autre à plus de 4 000 mètres. Chamois et isards sont une espèce grégaire, mais on ne rencontre jamais de bandes de mâles nombreuses. Les grandes hardes sont mixtes et comptent de vieux mâles, sauf à l'époque du rut. La harde est généralement menée par une vieille « chèvre ». Au printemps le chamois descend à très basse altitude pour profiter des jeunes pousses ; à cette époque il mue. Extrêmement méfiant à l'égard de l'homme, le chamois possède des sens très aiguisés : il est doté d'un odorat extraordinaire.

Chamois (eterle et eterlou)

Mâle

Femelle

Mâle

Femelle

Sachez les reconnaitre

Reproduction

Dès la seconde quinzaine d'octobre les chamois se regroupent en grandes hardes de 40 à 50 individus. C'est en novembre que le rut commence véritablement, accompagné de rudes joutes dont la possession des femelles est le prix. Les mâles sont sexuellement matures à 18 mois et polygames. Les saillies ont lieu entre le 15 novembre et le 15 décembre. La gestation dure de 160 à 175 jours, soit environ 6 mois. La femelle met bas, entre le 15 mai et le 15 juin, 1 petit, très rarement 2 ; pour cela elle s'isole un mois avant. L'accroissement annuel est de l'ordre de 25 pour 100.

Nourriture

Le chamois consomme essentiellement des herbes graminées, beaucoup de légumineuses dont le trèfle des Alpes (« pied-de-poule » dans les Alpes, « réglisse » dans les Pyrénées). L'animal broute également les rameaux et feuilles de toutes sortes de buissons et arbrisseaux (ronces et lierre forment la base de sa nourriture hivernale), ainsi que les jeunes pousses de cytise, de sorbier, d'alisier, d'aulne... Le chamois a d'importants besoins en sel.

Quelques détails à connaître

— Mis à part quelques expériences, le chamois et l'isard ne sont pas soumis au plan de chasse, mais cela ne saurait tarder.
— L'espèce a largement bénéficié de l'implantation de réserves et le cheptel semble bien se porter dans nos deux plus importants massifs montagneux.
— Il est conseillé d'épargner les femelles (si l'on n'opère pas une chasse sélective), particulièrement celles qui sont suitées. Elles ont les cornes moins recourbées que les mâles, le cou plus grêle, une allure moins massive. Dans les populations de chamois et d'isards les pertes hivernales sont importantes, aussi faut-il limiter le prélèvement à la moitié de

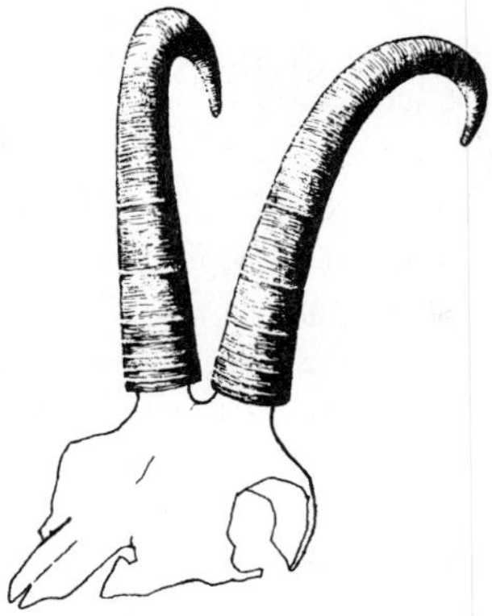

Trophée de chamois

l'accroissement annuel, aux alentours de 10 pour 100.

— Les cornes du chamois constituent le trophée, soumis à un système de cotation international.

— La femelle du chamois s'appelle l'eterle et le jeune, l'eterlou.

Le bouquetin

Le bouquetin n'est pas à l'heure actuelle un gibier, il est intégralement protégé.

Néanmoins, compte tenu de l'excellente réussite de sa réimplantation dans certaines régions, il se peut que sa chasse soit ouverte d'ici à quelque temps. Partant de ce point de vue, il est intéressant de mieux connaître cet animal.

Le bouquetin, ou ibex, ne se montre guère farouche à l'égard de l'homme. Il vit généralement en haute montagne, très souvent à plus de 3 000 mètres. Parfaitement à l'aise sur les parois rocheuses, il se déplace très facilement dans les lieux escarpés ; au printemps il a tendance à descendre vers 1 500 mètres.

Animal indolent et apathique, il n'a que peu de réactions aux bruits. Toutefois, chassé, il devient rapidement farouche.

Reproduction

Les mâles et femelles atteignent leur maturité sexuelle à 1 an et demi. Le mâle, polygame, livre au moment du rut de sévères combats à ses congénères, écartant les plus jeunes. Chez la femelle, ou *étagne,* la superfétation est possible (comme chez le lièvre). Le rut se manifeste vers la fin du mois de novembre, l'accouplement ayant lieu en décembre et au début janvier. La gestation dure approximativement 5 mois au bout desquels l'étagne met au monde 1 jeune.

Bouquetin

Le bouquetin se nourrit de végétaux (trèfle, sainfoin, certaines graminées), sans dédaigner les tiges d'arbrisseaux ou même d'arbres (mélèze, pin en hiver, bouleau au printemps).

Quelques détails à connaître
— Les principaux ennemis du bouquetin sont l'aigle royal et le renard.
— Les bouquetins se nourrissent à l'aube et au crépuscule.

ANNEXE I

LES EMPREINTES

Savoir reconnaître les empreintes qu'un animal laisse sur la terre ou la neige est un art qui s'acquiert après une certaine pratique. En toutes circonstances le chasseur pourra ainsi « lire » sur le sol et juger de la fréquentation d'un lieu, aussi bien par le gibier que par les prédateurs.

Cette connaissance des empreintes est bien entendu obligatoire pour la chasse au grand gibier. Elle permet

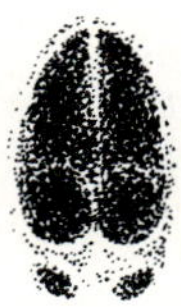
Chevreuil

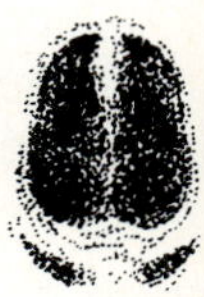
Sanglier

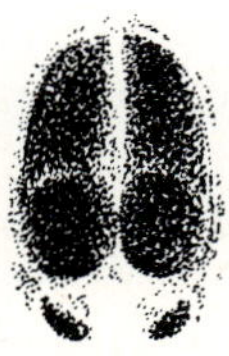
Cerf

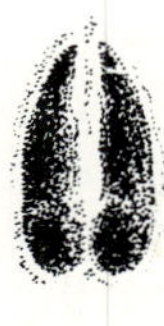
Chamois

de « rembûcher » (localiser) un animal, de juger de son âge, de son sexe. Il existe d'autres indications qui ne sont pas forcément des marques de pieds : un cerf par exemple casse des brindilles quand il passe en sous-bois, et les grands chasseurs connaissent ainsi approximativement la taille de ses bois.

L'examen des traces d'un animal permet de juger des blessures éventuelles : si l'animal boite, il porte moins fort sur l'un de ses membres.

Ensuite il faut étudier « l'allure » de l'animal : l'examen des traces au sol permet de juger de la vitesse à laquelle il se déplace — suivant que ces foulées correspondent au pas, au trot ou au galop —, mais aussi de juger de son âge.

Par exemple : un jeune cerf au pas rapproche son postérieur de son antérieur et le dépasse, on dit alors qu'il se méjuge ; une biche pleine pose souvent son pied arrière très en arrière du pied avant, comme d'ailleurs un vieux cerf.

Reconnaître les pieds

En France, le grand gibier appartient à la famille des ongulés ; les pieds de ces animaux comprennent donc les « pinces », extrémités des pieds, les « soles », qui se trouvent sous le pied entre les pinces. Le cerf, le sanglier, le brocard portent des « ergots » au-dessus du talon qui marquent le sol lorsqu'ils se déplacent.

Le pied du sanglier, plus arrondi que celui du cerf, laisse plus apparaître les « ergots » ou « gardes » lorsque l'animal vieillit. Le pied du chevreuil est beaucoup plus petit. Chez le chamois les pinces sont très séparées l'une de l'autre.

— Un animal, lorsqu'il fatigue, relâche un peu ses pinces qui s'écartent de plus en plus.

— On juge de la fraîcheur d'un pied en l'examinant de près ; il peut y avoir des « fils de la vierge » qui indiquent une certaine ancienneté alors que la rosée ou la gelée blanche disparues indiquent une certaine fraîcheur.

ANNEXE II

LES DÉGÂTS DE GIBIER

Le gibier, et particulièrement certaines espèces lorsqu'elles se trouvent en surdensité sur un territoire donné, ou bien lorsqu'elles se déplacent sur les terres cultivées, occasionne des dégâts quelquefois importants.

Les lapins par exemple, avant l'apparition de la myxomatose venue en 1952 d'Amérique du Sud via l'Australie, ravageaient cultures, jeunes pousses en forêt... Ils constituaient à cette époque le fonds de la chasse française. Aujourd'hui, après le quasi-anéantissement de leur population, leurs déprédations ont été considérablement restreintes, quoique certaines souches de lapins résistant à la maladie commencent à répandre de nouveau leurs méfaits dans quelques régions, occasionnant un problème agriculteurs/chasseurs.

Mais à l'heure actuelle le principal auteur de dégâts se trouve être le sanglier. L'Office national de la chasse consacre une grande part de son budget à l'indemnisation des dégâts de gibier grâce à un compte d'indemnisations alimenté par les comptes particuliers départementaux et un compte général. Les fonds sont fournis par une quote-part prise sur les redevances départementales et nationales (cette quote-part s'élève à 5 F sur chaque redevance départementale et à 50 F sur chaque redevance nationale).

En 1979 le montant de ces indemnisations s'élevait à 35 millions de francs, et cette somme augmente chaque année bien que les demandes d'indemnisation se stabilisent.

Les cas particuliers

Depuis que le grand gibier est soumis au plan de chasse dans toute la France, l'Office national de la chasse prend à sa charge les déprédations dues au grand gibier : cerfs, sangliers, chevreuils, daims, mouflons.

Pour être dédommagé à la suite des dégâts commis dans ses cultures, le cultivateur peut se retourner contre le propriétaire de la chasse voisine en prouvant que le gibier vient de cette chasse et que le propriétaire ne retient pas ou ne limite pas ce gibier. Stupidité que cela ! Puisque le gibier est *res nullius,* il n'appartient à personne. Par cette démarche on rend le chasseur responsable d'une chose qui ne lui appartient pas !

Cette formule s'applique aussi aux dégâts causés par les lapins.

La procédure

Lorsqu'un cultivateur estime qu'il a subi des déprédations, il demande et remplit un imprimé de déclaration de dégâts à la Fédération des chasseurs en estimant leur montant. Au-dessus d'un certain plafond, un expert vient se rendre compte sur place. Cet « estimateur », généralement expert agricole, est proposé par la Fédération et nommé par l'Office national de la chasse.

S'il n'y a pas accord le litige est soumis au tribunal.

Recommandations

Attention aux lâchers de gibiers, plus particulièrement s'ils sont classés nuisibles, d'éventuels dégâts pouvant valoir une indemnité au demandeur sans qu'il ait à prouver la faute.

10 QUESTIONS SUR LE GIBIER

I/Q. : Quelles sont les trois maladies les plus répandues chez le lièvre ?
R. : La coccidiose, la leptospirose et la tularémie.

II/Q. : Combien de jours dure la gestation chez le lapin de garenne ?
R. : Entre 28 et 33 jours.

III/Q. : A quelle époque cerfs et chevreuils perdent-ils leurs bois ?
R. : Entre la fin février et la fin avril pour les cerfs et en octobre-novembre et même décembre pour les chevreuils.

IV/Q. : Que dit-on d'un jeune coq faisan qui vient de prendre son plumage d'adulte ?
R. : Qu'il est « maillé ».

V/Q. : Quelles sont les différentes variétés de grives ?
R. : La draine, la litorne, le mauvis, la musicienne.

VI/Q. : Qu'est-ce qu'un « frayoir » ?
R. : L'endroit où le cerf frotte ses bois pour les brunir, les faire tomber pour marquer son territoire.

VII/Q. : Quel est le taux d'accroissement des populations de mouflons ?
R. : En moyenne de 30 à 35 pour 100.

VIII/Q. : A quelle époque a lieu le rut du chamois ?
R. : En novembre.

IX/Q. : Qu'est-ce qu'un halbran ?
R. : Un jeune col-vert de huit semaines.

X/Q. : A quoi reconnaît-on le canard siffleur ?
R. : Il a le bec gris, noir à l'extrémité, la tête rousse avec une barre jaune.

4

ARMES ET MUNITIONS

Les fusils et les cartouches. Les techniques de tir. Les carabines. Les règles de prudence.

Après le gibier, les armes à feu. Quoiqu'elles ne soient pas utilisées pour tous les modes de chasse (chasse à courre, déterrage, fauconnerie, etc.), la majorité des deux millions de chasseurs s'en servent, qu'il s'agisse de fusils pour le petit gibier ou de carabines pour le grand gibier.

Ces deux types d'armes ont un aspect sensiblement identique : crosse, détente, canon. Leur seul point commun est de constituer un « danger » C'est pourquoi il convient que le chasseur connaisse parfaitement les armes, leur fonctionnement, leur entretien et les munitions. Qu'il sache aussi qu'il doit respecter certaines règles élémentaires de prudence à l'égard des autres, car le fusil et la carabine tuent. Vérité première mais qu'il ne faut jamais oublier.

Nous étudierons donc en détail, et consécutivement : le fusil et ses munitions, la carabine et ses munitions. Nous rappellerons ensuite les règles élémentaires de sécurité auxquelles tout chasseur, qu'il soit néophyte ou chevronné, doit souscrire.

LE FUSIL

Le fusil est une arme d'épaule à canon lisse tirant principalement des cartouches à plombs. Cette arme est conçue pour tirer au jugé sur de courtes distances un gibier qui se trouve pris dans un nuage de plombs. On choisit la taille des plombs en fonction du gibier chassé. Nous verrons comment un peu plus loin.

Les types de fusils

Il en existe plusieurs couramment utilisés. Les fusils sont en général à canons basculants, ainsi dénommés parce que les canons se « cassent », basculent vers l'avant et dégagent les chambres. On arme en fermant le fusil. C'est une garantie de sécurité car il est évident qu'un fusil « cassé » en dehors de l'action de chasse met à l'abri d'un incident malheureux.

Les fusils basculants peuvent être :

A canons juxtaposés (les deux canons sont côte à côte).

A canons superposés (les deux canons sont l'un au-dessus de l'autre).

Les fusils modernes sont pour la plupart des Hammerless, sans chiens extérieurs déclenchant la percussion centrale. On en voit cependant encore à chiens extérieurs.

Enfin l'on trouve ***les monocanons*** qui peuvent être basculants comme le Simplex (un coup) de Manufrance, ou fixes. Ce sont des fusils à répétition manuelle ou automatique. Compte tenu de la réglementation française en matière de chasse ils ne peuvent tirer que trois coups consécutivement. Pour l'éjection et le rechargement les fusils fonctionnent à la main (fusils à pompes) ou par récupération de gaz (fusils automatiques). On peut citer également les fusils à canons fixes et à culasse mobile : elle se tire en arrière pour charger. Ce sont les modèles Darne ou Charlin. Sont proposées encore des armes mixtes (canons lisses + canons rayés) classées dans les carabines. Elles permettent de tirer à volonté sanglier ou bécasse.

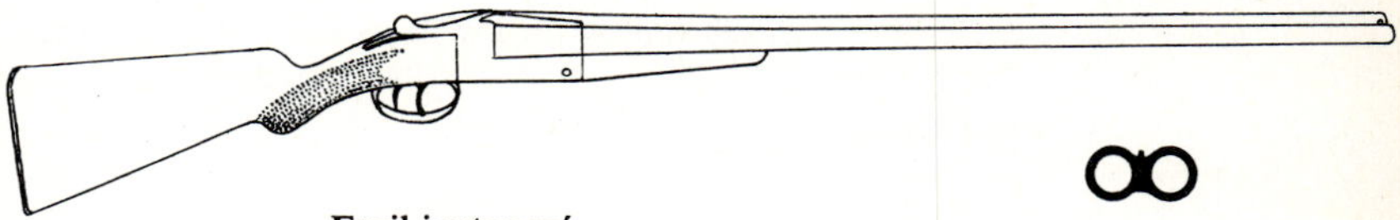

Fusil juxtaposé

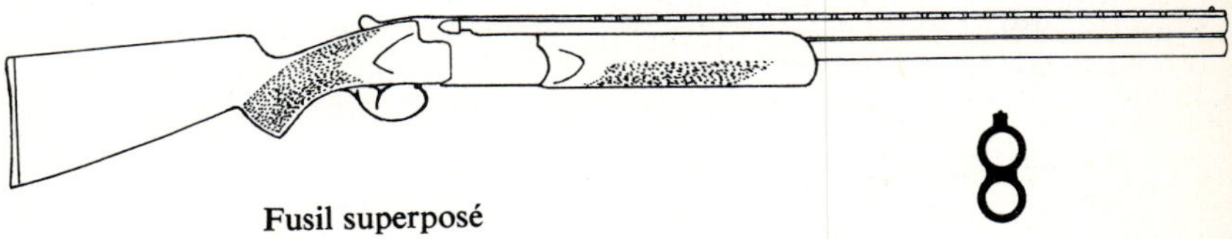

Fusil superposé

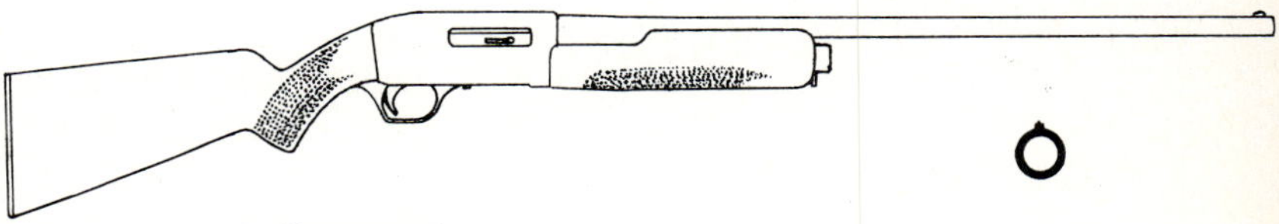

Fusil automatique

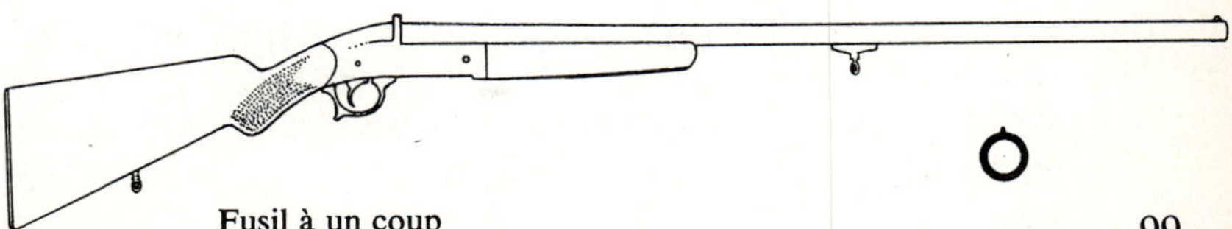

Fusil à un coup

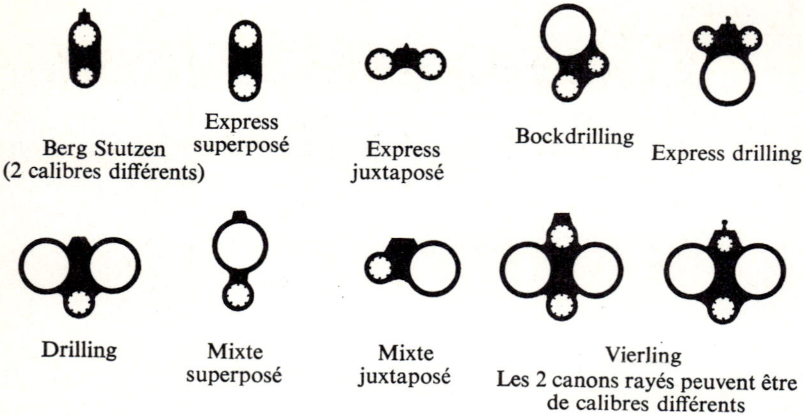

Combinaisons de canons d'armes rayées

Il ne faut pas omettre de mentionner les fusils à platines. Tous les fusils à chiens extérieurs (et à percussion centrale) ont, en effet, des platines situées de part et d'autre de la bascule à raison d'une platine par canon. Certains très beaux fusils Hammerless en sont également équipés.

Le prix élevé d'un fusil à platines se justifie par sa fabrication extrêmement délicate.

La platine est en effet un mécanisme de précision permettant de rendre indépendant les marteaux des percuteurs.

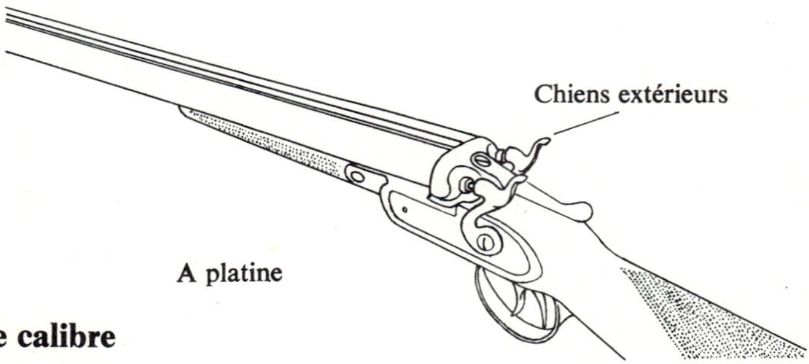

Le calibre

Dans notre pays, trois calibres de fusil sont couramment employés : 12, 16 et 20 ; d'autres comme le 10-24 et le 28 ont été pratiquement abandonnés. Il existe même un calibre 32. Le calibre ne s'exprime pas en millimètres. En fait, selon une vieille coutume on détermine le calibre en fonction du nombre de balles sphériques pouvant être fabriquées avec une livre ancienne (0,4895 kg) de plomb pur à la densité de 11,35, douze balles correspondant au calibre 12, etc.

ANALYSE DU FUSIL

Il convient de connaître toutes les pièces que comporte un fusil.

Le canon

Il mesure généralement 70 cm, mais peut être soit plus court soit plus long (1 m pour les goose-guns américains). Au-delà de 75 cm on estime que la portée augmente peu.

Le canon du fusil lisse permet le tir de petits plombs et de balles. Il comprend différentes parties :

a) Feuillure où se trouve creusé le *drageoir* qui bloque le bourrelet de la cartouche.

b) La *chambre,* où l'on introduit la cartouche ; elle peut mesurer 65 mm, 70 mm ou, pour les fusils magnums, 76 mm.

c) Le *cône de raccordement,* qui relie la chambre à l'âme.

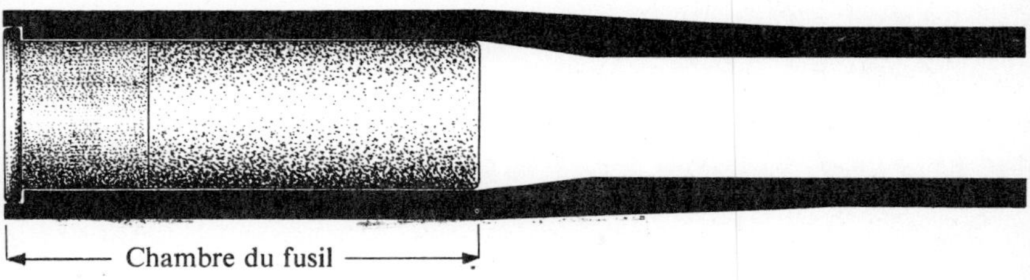

d) L'*âme,* tube allant du cône de raccordement jusqu'à la bouche. Il arrive fréquemment qu'à la bouche l'âme soit un peu resserrée, c'est le *choke* (un canon peut-être déchoké, jamais rechoké).

Qu'est-ce que le choke ? Il existe des canons

Différentes parties du fusil

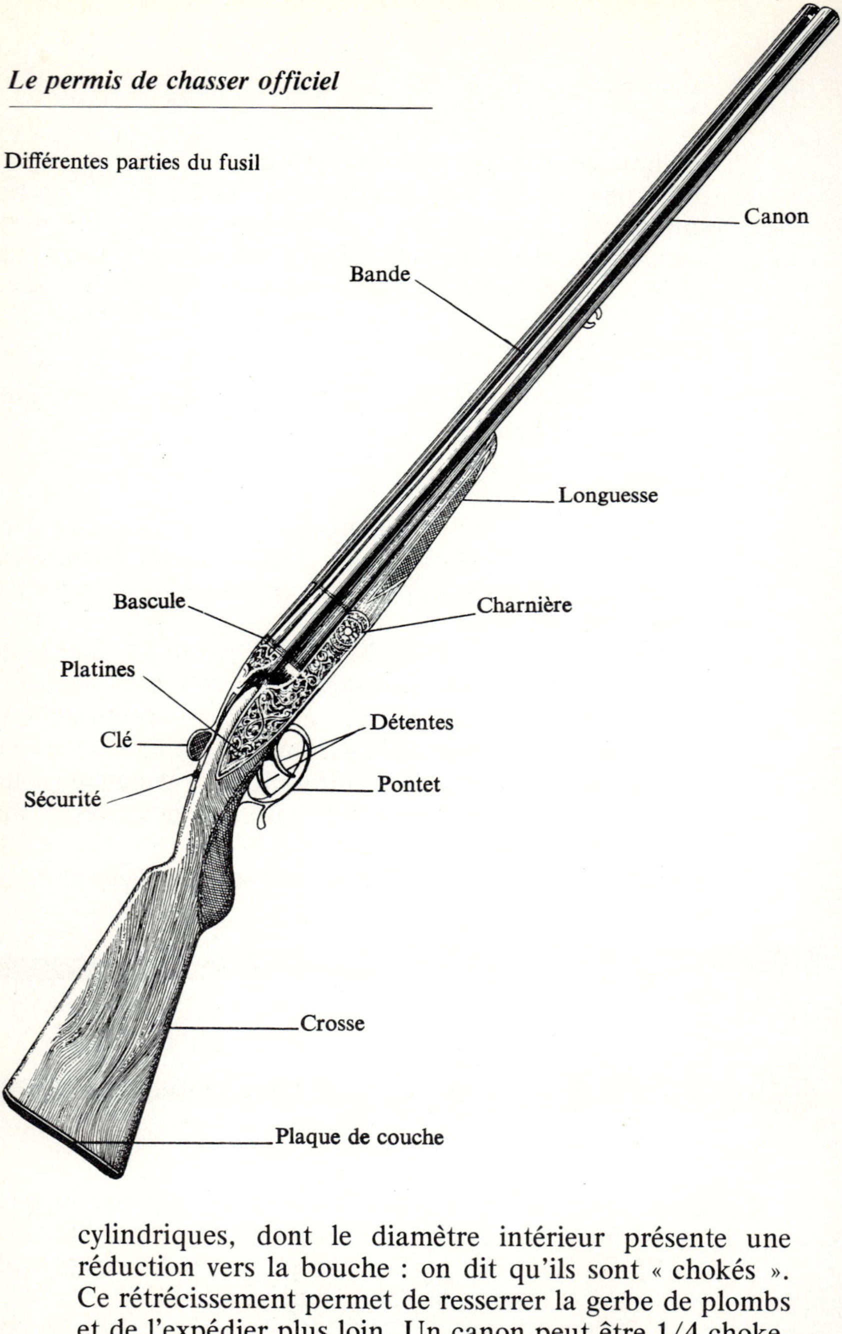

cylindriques, dont le diamètre intérieur présente une réduction vers la bouche : on dit qu'ils sont « chokés ». Ce rétrécissement permet de resserrer la gerbe de plombs et de l'expédier plus loin. Un canon peut être 1/4 choke,

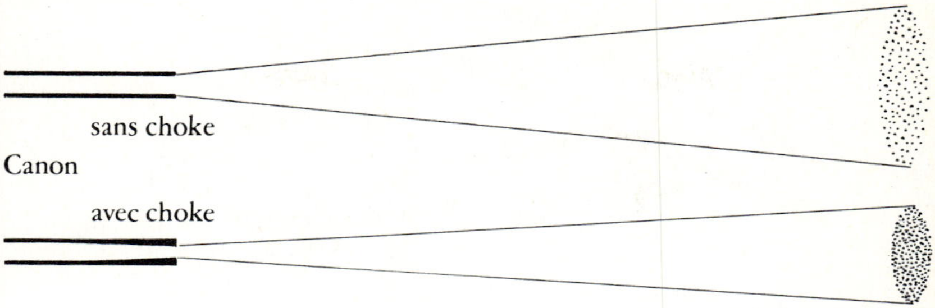

1/2 choke, 3/4 choke ou full-choke (pour un full-choke la diminution du diamètre de l'âme est de 1 mm). Les canons de fusil sont en acier traité ; certains, comme ceux du baby-bretton, sont faits d'un alliage léger (à base d'aluminium).

Les canons modernes sont généralement pyrochromés, c'est-à-dire recouverts d'une mince pellicule de chrome qui les protège et facilite leur entretien.

Sur les armes juxtaposées et superposées les canons convergent légèrement afin d'avoir le même point d'impact à une distance donnée. Ils sont fixés l'un à l'autre par brasure.

Pour éviter tout danger d'éclatement ou d'autres incidents, les canons sont essayés sur un banc d'épreuve officiel à une pression de 900 bars pour les canons ordinaires et de 1 200 bars pour les canons magnums.

Certains canons sont munis d'extracteurs de cartouches qu'il faut ensuite retirer à la main. D'autres sont munis d'éjecteurs qui projettent la cartouche tirée dès l'ouverture du fusil.

La bascule

La *bascule* est la pièce maîtresse permettant la jonction entre les canons et le mécanisme (sauf pour les fusils à canons fixes) ; elle doit être parfaitement ajustée.

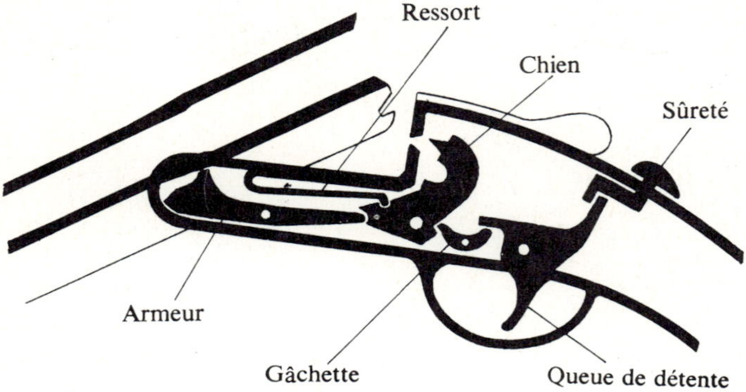

La fermeture ou le verrouillage

Elle permet de maintenir les canons parfaitement sur la table de bascule. Il existe différentes variétés de verrous. Avec l'âge le verrouillage d'un fusil a du jeu ; il est bon de le faire reprendre de temps à autre.

La longuesse

Il s'agit de la pièce de bois plaquée sous les canons et sur laquelle viennent prendre appui (par l'intermédiaire d'un système métallique encastré) les leviers d'armement de la bascule.

La détente

A ne pas confondre avec la gâchette, pièce du mécanisme intérieur de l'arme. Elle permet, par une simple pression du doigt sur la queue de détente, de commander le départ du coup. Les fusils sont munis d'une ou de deux détentes, les fusils mono-détentes ont souvent une sélection des départs. Pour faciliter le tir, il faut avoir des détentes bien réglées, douces (sans excès) et progressives. Les fusils modernes sont équipés de sûretés qui bloquent les détentes.

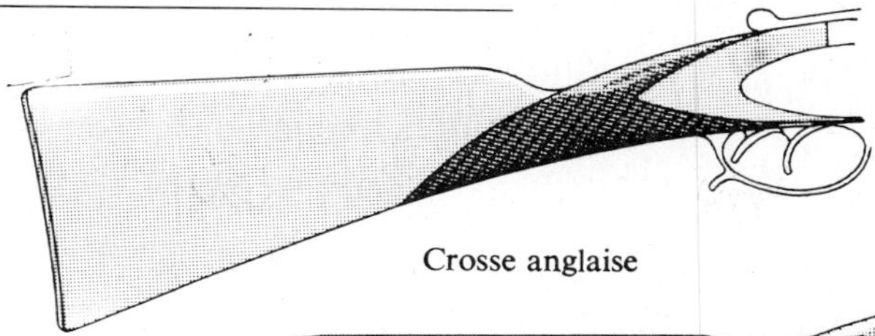

Crosse anglaise

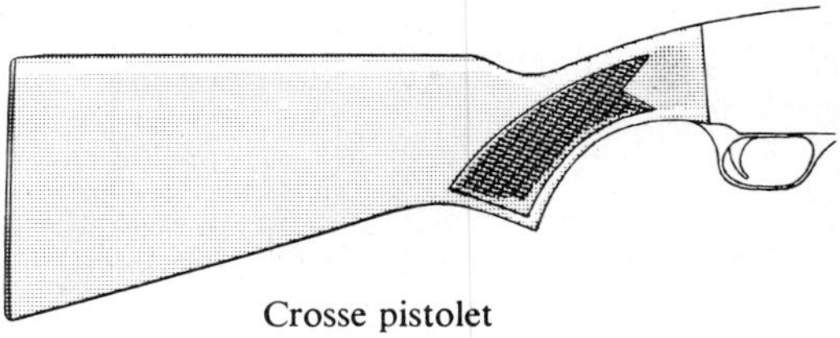

Crosse pistolet

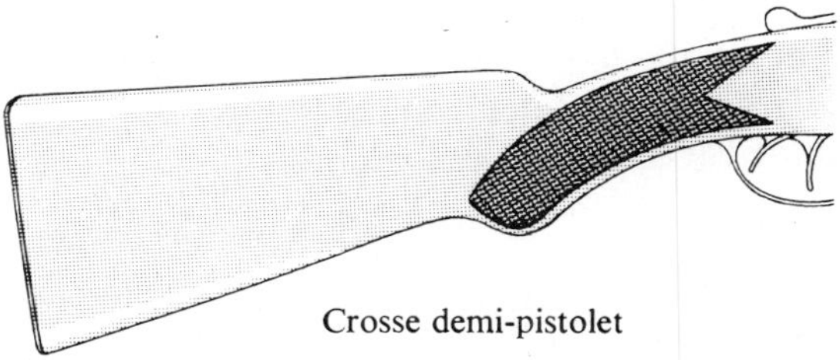

Crosse demi-pistolet

La crosse

Elle joue un rôle prépondérant pour la justesse du tir. Mise à conformation, c'est-à-dire adaptée à la morphologie du tireur, elle permet au fusil de tomber automatiquement en ligne dès que le tireur épaule.

Lorsque l'armurier a pris les mesures du tireur, il décide ou non d'*avantager* ou de dévier la crosse latéralement par rapport au canon.

Il peut également donner de la *pente,* c'est-à-dire incliner l'axe de la crosse par rapport à celui du canon.

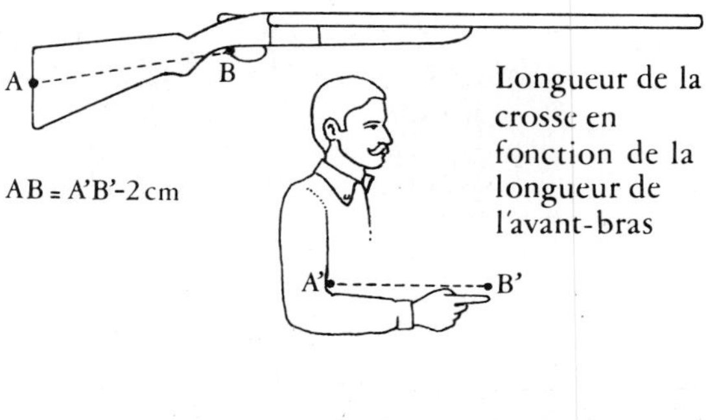

Longueur de la crosse en fonction de la longueur de l'avant-bras

Il existe plusieurs variétés de crosses :
— la crosse anglaise, la plus fine et la plus élégante ;
— la crosse pistolet, fréquente sur les fusils de « ball-trap » ;
— la crosse demi-pistolet, la plus répandue.

L'extrémité de la crosse est toujours garnie d'une *plaque de couche* qui peut être antirecul afin de protéger l'épaule du tireur.

Fonctionnement du mécanisme intérieur

Le tireur appuie sur la queue de détente qui elle-même appuie sur la gâchette qui libère le chien ; celui-ci frappe le percuteur qui lui-même frappe l'amorce de la cartouche, déclenchant ainsi la mise à feu de la poudre et le départ des plombs.

LES CARTOUCHES

A plombs

Les cartouches que l'on utilise dans les fusils à canons lisses modernes ont une percussion centrale et sont conçues de la façon suivante :

Une *douille* qui se divise en deux parties :
— *l'étui,* qui peut être soit en carton soit en plastique et dont l'extrémité est fermée par le sertissage (le plus commun étant le sertissage étoile) ;

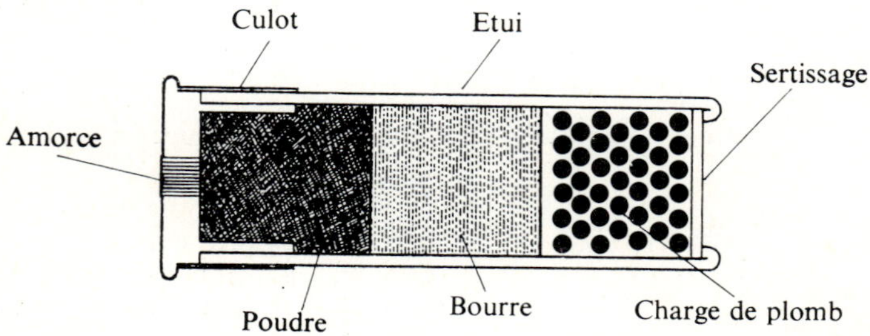

— le *culot* qui a des dimensions variables comporte à sa base un bourrelet permettant l'extraction de la douille. Au centre du culot se trouve l'amorce que vient frapper le percuteur au départ du coup. Les cartouches à culot long renferment une plus grande dose de poudre et sont donc plus puissantes. La longueur des culots varie entre 8 et 16 mm, quelquefois 20 mm.

A l'intérieur de la cartouche se trouvent :

— *l'amorce,* choisie d'après la poudre utilisée ; de l'amorce dépendent la rapidité d'inflammation de la poudre et sa bonne combustion ;

— la *poudre,* dont il existe plusieurs variétés en France, la plus employée étant la poudre T, produit de la S.N.P.E. (Société nationale des poudres et explosifs). Cette société prépare d'ailleurs une nouvelle poudre qui sera utilisée d'ici peu dans les cartouches à plombs. Les Américains se servent des poudres progressives ou à double base.

Les chasseurs qui rechargent eux-mêmes leurs cartouches doivent faire très attention au choix et au mariage de l'amorçage et de la poudre, car ils risquent d'obtenir des surpressions intolérables.

— ***La bourre***

Elle pousse, comme un piston, la charge de plomb. Les bourres peuvent être en feutre lubrifié ou non, en liège, en plastique avec ou sans robe. La robe enveloppe le plomb.

— ***Le plomb***

Du choix des numéros dépend la réussite car certains gibiers portent très bien le plomb : en ce cas il faut utiliser du gros. Voir page 108 un tableau des numéros de plombs à employer pour la chasse suivant le gibier à tirer.

Rappel de fonctionnement

Le percuteur de l'arme frappe l'amorce qui détone sous le choc, la poudre s'enflamme et explose ensuite, exerçant une très forte pression sur la bourre, qui elle-même pousse la charge de plombs, faisant éclater le sertissage et libérant les plombs qui forment une gerbe qui peut atteindre, à 35 mètres, 4 à 5 mètres de long.

Le choix d'une cartouche

Le choix d'une cartouche est difficile ; le chasseur doit rechercher une munition rapide avec une pression moyenne et surtout régulière, tournant autour de 600 bars pour les fusils éprouvés à 900 bars et 800 à 900 bars pcur les armes éprouvées à 1 200 bars.

La vitesse de 350 m/s est suffisante. Il ne faut pas omettre de vérifier la bonne répartition de la gerbe. Lorsque le chasseur s'habitue à une cartouche, il doit éviter d'en changer.

	A l'ouverture		A l'arrière-saison	
	Premier coup	Deuxième coup	Premier coup	Deuxième coup
Alouette	10	10	10	9
Bécasse	8	8	7	7
Bécassine	9	8	9	8
Caille	9	8	9	8
Canard	5	4	4	2
Courlis	5	5	5	4
Faisan	6	6	5	4
Grive	9	9	8	8
Lapin	8	7	7	6
Lièvre	6	4	5	4
Oie	3	1	2	0
Perdreau	8	7	6	5
Perdrix rouge	6	6	5	4
Râle	8	8	8	7
Pigeon	7	6	6	5
Tourterelle	8	8	8	7
Vanneau	8	7	7	6

Rappel de sécurité

— Il est dangereux de mettre une cartouche de 70 mm dans un fusil chambré à 65 mm.
— Dans les fusils éprouvés à 900 bars au cm^2, il est recommandé de ne pas tirer de cartouches dont les pressions dépassent 600 bars, la tolérance étant de 800 à 900 bars pour les fusils éprouvés à 1 200 bars, quoique les aciers modernes soient très résistants.
— La chaleur augmente fortement les pressions, surtout s'il y a beaucoup de poudre. Il faut donc stocker les cartouches dans des endroits frais.
Ne pas laisser les cartouches exposées sur la plage arrière d'une voiture, car la température monte vite.
— Du fait de l'apparition de nouvelles poudres américaines plus vives et plus délicates à stocker que les poudres T et A, il est préférable de ne plus effectuer soi-même le chargement des cartouches. De plus, le dosage de ces nouvelles poudres doit être très précis.
— La S.N.P.E. peut répondre à toutes questions concernant le chargement de vos cartouches, consultez-la : 12, quai Henri-IV, 75181 Paris.

L'usage de la chevrotine, qui avait été interdit par mesure de prudence, mais aussi parce que cette munition blessait plus qu'elle ne tuait, a été autorisé, par démagogie, dans les départements de maquis et de garrigues. Ce pas en arrière symbolise bien la difficulté qu'il y a de mettre en place une politique cohérente et responsable en matière de chasse. Les cartouches de chevrotines comptent 9 grains de 8,5 g et sont dangereuses à 1 000 m.

Pour les chasseurs de gros gibier ne possédant pas d'armes rayées il faut donc utiliser les balles pour canons lisses. Elles sont généralement conçues pour les fusils à canons chokés et en principe pour s'écraser au contact du gibier, la balle « brenneke » étant de loin la plus précise. La portée des munitions ne dépasse guère 50 mètres.

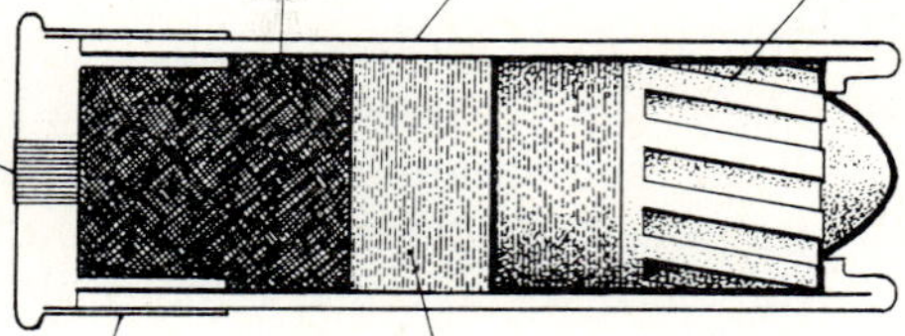

Cartouche à balle Brenneke

ATTENTION
De préférence, pour tirer des balles, ne pas utiliser de fusils légers et peu résistants.
Ne jamais mélanger balles et cartouches à plombs dans une cartouchière.

LES PORTÉES DES ARMES DE CHASSE

A CANONS LISSES

Il s'agit en fait de distances dont on tient compte pour le tir à plombs :

a) *Distance de tir* ou *portée utile.* A cette distance un gibier tiré dans des conditions normales avec un plomb approprié tombe pratiquement toujours, à condition, bien sûr, que le coup de fusil soit dans la cible.

On considère généralement qu'il ne faut pas tirer à plus de 35 m avec une cartouche chargée à 32 g de plombs et de 40 à 45 m avec des cartouches chargées à 36 g. Certains spécialistes estiment qu'en général il faut compter sur une moyenne de cinq atteintes pour avoir des chances de tuer net le gibier.

Il faut éviter de tirer au-delà de la portée utile ; de même, le chasseur ne doit-il pas tirer un gibier de trop près et ainsi risquer de l'abîmer complètement.

b) *Portée efficace.* A cette distance, l'énergie restante des plombs est encore suffisante pour tuer un gibier.

c) *Portée maximale* ou *distance de sécurité.* Il s'agit de la distance à laquelle les plombs retombent lorsqu'ils ont été tirés sous un angle de 20 degrés. Cette portée dépend de la vitesse de la cartouche, du choke du fusil, *mais aussi de la grosseur du projectile, un gros plomb allant plus loin.*

A cette distance la munition ne peut plus faire de blessures graves. On augmente cette distance de 10 pour 100 lorsque l'on utilise des cartouches à plombs nickelés.

LA TECHNIQUE DE TIR

L'usage des armes de chasse à canons lisses nécessite la maîtrise d'une technique de tir particulière. En effet, les munitions étant assez lentes, entre 300 et 400 m/s, lorsque le chasseur vise un gibier et appuie sur la détente, il se passe une fraction de seconde pendant laquelle le gibier lancé se déplace. Plus le gibier est loin et plus le déplacement est important avant que la gerbe ne l'atteigne. En conséquence, le chasseur doit viser devant le gibier qu'il tire pour avoir des chances de l'atteindre, ces corrections de tir pouvant atteindre plusieurs mètres lorsqu'il s'agit d'oiseaux lancés avec un fort vent favorable. Compte tenu de la profondeur de la gerbe de plombs, si le tir est placé un peu en avant, le gibier risque donc d'être touché.

La meilleure technique de tir consiste à suivre, rattraper et dépasser le gibier en un seul mouvement appelé *swing.* Les bons tireurs utilisent tous cette technique rapide mais qui demande un automatisme qui s'acquiert en tirant beaucoup.

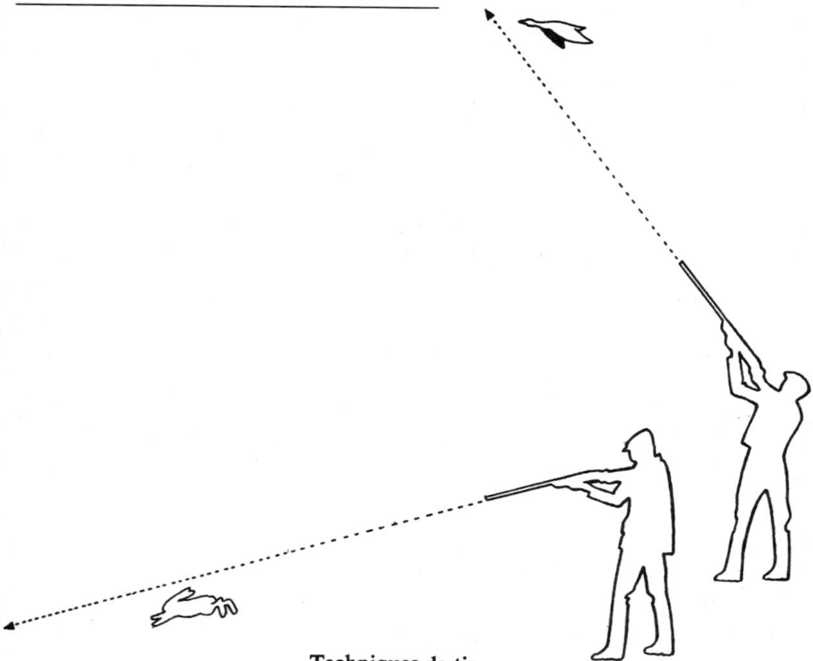

Techniques de tir

La technique du Swing

Positions de tir à la carabine

LES ARMES DE CHASSE A CANONS RAYÉS

Depuis l'interdiction de la chevrotine le tir du grand gibier s'effectue de plus en plus à l'aide de carabines dont les calibres varient en fonction du gibier chassé. Il existe même, aux États-Unis, un mode de chasse qui, en réalité, n'en est pas un et qui consiste à limiter les petits nuisibles à l'aide de carabines de précision dont les calibres approchent le 22 long rifle.

L'intérieur du canon d'une carabine présente des spirales appelées *rayures* qui donnent à la balle, au départ du coup, un effet rotatif, augmentant ainsi la précision de la munition.

Depuis trois ans, plusieurs réglementations successives permettaient de classer la carabine de chasse en 4e catégorie, ce qui signifie qu'il fallait avoir un permis de détention d'armes pour en posséder une ou plusieurs. Compte tenu des difficultés rencontrées par l'administration pour enregistrer les armes déjà détenues par les chasseurs et pour contrôler celles nouvellement vendues, le ministre de l'Intérieur a décidé de reclasser les carabines de chasse en 5e catégorie, rendant à nouveau la vente libre avec inscription sur le livre de police des armureries ; les fusils, eux, ne sont soumis à aucune réglementation.

Description de la carabine

Les carabines ont, en gros, l'aspect extérieur d'un fusil monocanon bien qu'elles ne soient pas toutes monocanons. Leurs crosses, généralement de forme Monte-Carlo, permettent un meilleur appui et une meilleure visée.

Plusieurs variantes existent :

I) Les carabines *à verrou :* elles ont généralement une culasse « système Mauser » dérivée du fameux

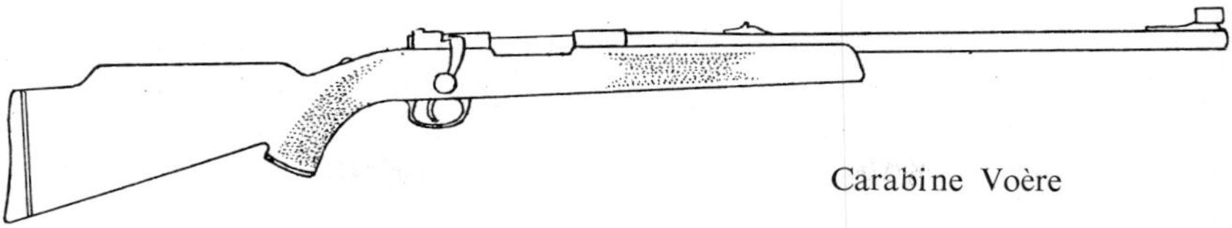

Carabine Voère

fusil de guerre allemand. Ces carabines à répétition possèdent un magasin pouvant contenir 3 ou 5 cartouches.

II) Les carabines *à canon basculant :* mis à part la carabine « Express », qui possède deux canons rayés superposés ou juxtaposés avec un système de verrouillage plus solide et une bascule généralement plus longue que pour un fusil normal à cause de la puissance totalement différente des deux armes, les autres carabines à canon basculant sont le plus souvent des armes mixtes.

Le « drilling » : 2 canons lisses + 1 canon rayé.
Le « mixte » : 1 canon lisse + 1 canon rayé.
Le « vierling » : 2 canons lisses + 2 canons rayés.
Le « bockdrilling » : 1 canon lisse + 2 canons rayés.

Ces armes, mis à part l'« Express », utilisé en battue, sont assez peu connues en France. Nos voisins allemands et autrichiens s'en servent couramment.

III) Les carabines *semi-automatiques :* elles sont désormais interdites dans de nombreux pays (exemple : la 280 bars Remington).

IV) Les carabines *à levier* en sous-garde : appréciées des Américains, elles sont peu courantes en France.

Ce qu'il faut aussi savoir des carabines

Toutes les carabines de gros calibre utilisées à la chasse sont à *percussion centrale,* système de percussion équivalent à celui du fusil de chasse.

Au contraire, les carabines de petit calibre sont en général à *percussion annulaire*. La percussion se réalise par pincement du bord de la douille coincée entre la chambre et le percuteur.

En Europe de nombreuses carabines sont équipées d'un mécanisme appelé « stecher ». Il s'agit en fait d'une double détente utilisée pour le tir posé ou à l'affût. On arme le stecher en appuyant à fond et en bloquant la deuxième détente ensuite : un simple effleurement sur la première détente suffit à faire partir le coup. Ce système permet d'éviter les « coups de doigt », et ainsi d'augmenter la précision. Un inconvénient : il est très délicat de désarmer le stecher si le tir n'est pas effectué.

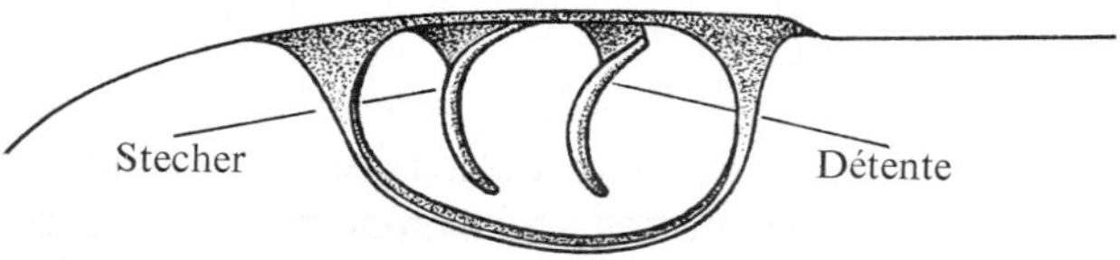

Système de détente Stecher

Avantages de la carabine pour le gros gibier

Pour chasser le grand gibier la carabine par rapport au fusil offre de nombreux avantages :

La portée : elle est beaucoup plus grande qu'avec un fusil de chasse, une carabine avec une lunette bien réglée pouvant foudroyer un gibier au-delà de 200 m. Cependant le chasseur doit être absolument sûr de lui, le moindre déplacement au moment du tir provoquant d'énormes écarts du projectile à 200 m.

La vitesse : de l'ordre de 800 à 1 000 m/s, elle est double ou triple de celle d'une balle de fusil. Cette vitesse anéantit les corrections de tir. En battue, avec une carabine le chasseur vise et tire dans le gibier.

L'énergie : la balle développe une grande énergie, permettant, si l'on utilise un calibre suffisant, de foudroyer le gibier, grâce à l'onde de choc qu'il reçoit.

La précision : elle est de beaucoup supérieure à celle d'un fusil grâce au canon rayé et à l'énergie de la balle.

ATTENTION !
Une balle de carabine peut être mortelle au-delà de 2 000 mètres.

La technique de tir

Comme nous l'expliquions auparavant, il n'est pas besoin de faire de corrections de tir importantes avec une carabine, sauf peut-être en montagne, mais là pour des raisons de différences de niveaux.

Toutefois, compte tenu de la puissance et de la portée de la balle, il faut prendre certaines précautions avant de tirer, et particulièrement s'assurer qu'on effectue un « tir fichant ». Il faut de toute façon éviter le tir rasant, qui pourrait blesser ou tuer une personne se trouvant dans l'axe de tir à une grande distance, et cela même si le gibier tiré a été touché auparavant. La balle peut ressortir et provoquer des dégâts.

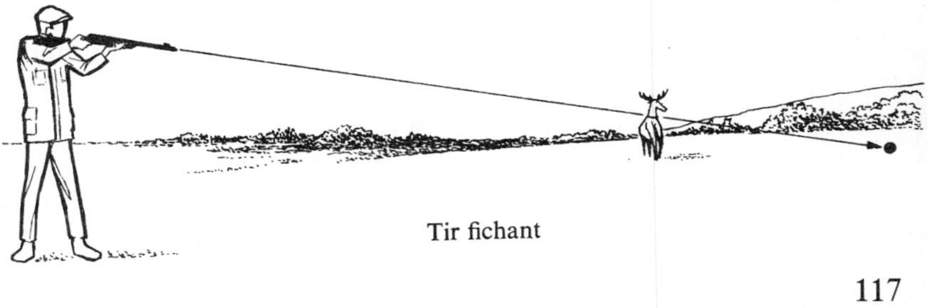

Tir fichant

RÈGLE :
Le chasseur utilisant une carabine ne devra effectuer que des tirs fichants, ce qui signifie qu'il devra être en mesure de voir, au moment du tir, l'endroit où le projectile s'enfoncera dans le sol.

Le choix d'un calibre

Pour avoir des chances de tuer correctement un gibier choisi, il faut employer un calibre et une munition appropriés. Il existe en effet pour un même calibre plusieurs poids de balle correspondant à une utilisation particulière. Mais qu'est-ce qu'un calibre ?

Suivant les pays, le calibre s'exprime de façon différente compte tenu du système de mesures employé.

En Europe (système métrique), le calibre s'exprime en deux chiffres séparés par le signe ×. Le premier chiffre indique en millimètres le diamètre de la balle alors que le second donne, toujours en millimètres, la longueur de la douille. Exemples : 7 × 64 ; 6,5 × 68, etc. Lorsque le calibre est suivi de la lettre R, cela signifie que l'arme fonctionne avec des cartouches à « bourrelet » : 9,3 × 74 R. Les Anglais et les Américains désignent le calibre en indiquant le diamètre de la balle en inches (25,4 mm) ou plutôt en 1/100 d'inch. De plus les fabricants anglo-saxons font suivre le nom de la marque : par exemple, le calibre 300 Winchester magnum est différent du calibre 300 Weatherby.

Le choix de la munition

Avec un même calibre on peut employer divers poids de balles : par exemple le calibre 300 Weatherby peut tirer des balles de 7 à 14 g.

Les cartouches peuvent contenir des charges de poudre variables, les extrémités des balles pouvant aussi être différentes en plomb, en cuivre (semi-blindées ou blindées).

De toutes ces variantes résultent bon nombre de conséquences :

— La flèche augmente avec des balles plus lourdes, on la compense avec des munitions puissantes et très rapides.

— La flèche correspond à la chute de hauteur de la balle à une distance donnée, sous l'effet de la pesanteur.

— L'énergie varie également avec le poids de la balle et provoque une onde de choc différente.

Il faut pour tirer à la carabine :

— Utiliser des calibres suffisamment puissants mais pas trop pour ne pas abîmer le gibier.

— Employer de préférence des armes à trajectoire tendue avec une grande vitesse initiale surtout pour le gibier tiré de très loin.

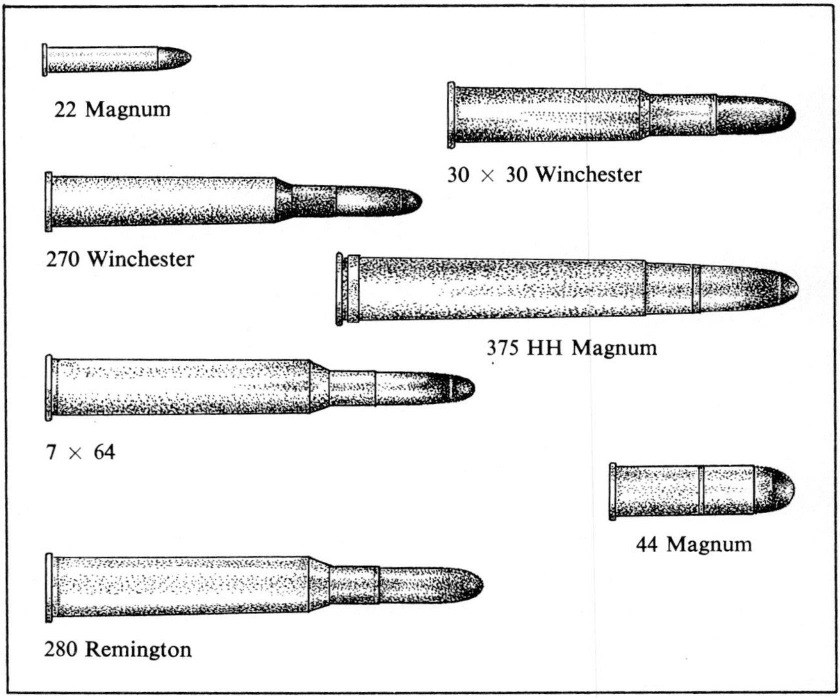

N. B. — Le tir du grand gibier à balle a été vivement critiqué pour son manque de sportivité. Cependant il faut être bien imprégné de l'idée suivante : le gibier doit être tué proprement et il ne peut être question, sous couleur de sportivité, d'en permettre le tir à la chevrotine, qui, bien souvent, ne fait que blesser l'animal, même si elle exige une approche plus importante. Le chasseur ne doit pas jouer avec la vie d'un animal sous le prétexte d'une pseudo-sportivité.

— Calibres couramment employés pour toutes les chasses à la carabine.

Éléphant : 460 Weatherby magnum, 470 H. et H.
Buffle : 375 H.H. et 460 W.H.

Cerf, sanglier, grandes antilopes : 300 Weatherby, 300 Winchester magnum 8 × 68 S, 7 × 64 (peut-être un peu faible pour le sanglier).

Chevreuil et grands gibiers de montagne : 7 × 64 ; 270 Winchester ; 243 Winchester, 6,5 × 68 ; 6,5 × 57, etc. Munitions très rapides au tir tendu.

MUNITIONS ET ARMES INTERDITES A LA CHASSE

Les armes de guerre, qui peuvent tirer des munitions utilisées dans l'armée.

Les armes munies de silencieux.

Les armes rayées possédant une hausse permettant d'ajuster à plus de 300 mètres.

Les cannes-fusils.

Les carabines et pistolets à air comprimé.

Les armes automatiques permettant le tir de plus de trois cartouches sans réapprovisionnement.

Les armes de chasse ne pouvant être épaulées sans appui (ex. : canardières autrefois utilisées pour la chasse en punt).

Les chevrotines * et plombs supérieurs à 4 mm de diamètre.

Les balles non expansives.

La carabine 22 long rifle ne fait pas l'objet d'une réglementation particulière quant à son utilisation à la chasse. Néanmoins, de nombreux préfets ont pris des arrêtés dans leurs départements visant à l'interdire comme arme de chasse.

AUTRES ACCESSOIRES UTILISÉS A LA CHASSE

LES LUNETTES DE VISÉE

En permettant une visée plus précise, les lunettes de visée favorisent la sélection du gibier. Bien qu'elles soient en fait employées généralement pour l'approche et l'affût, certains chasseurs les utilisent en battue. Le fort « coefficient crépusculaire » grande luminosité de certaines lunettes permet le tir dans la semi-obscurité ou même au clair de lune. Comme les jumelles, les lunettes de visée sont désignées par deux chiffres. Le premier indique le grossissement : une lunette

Système de fixation à crochets

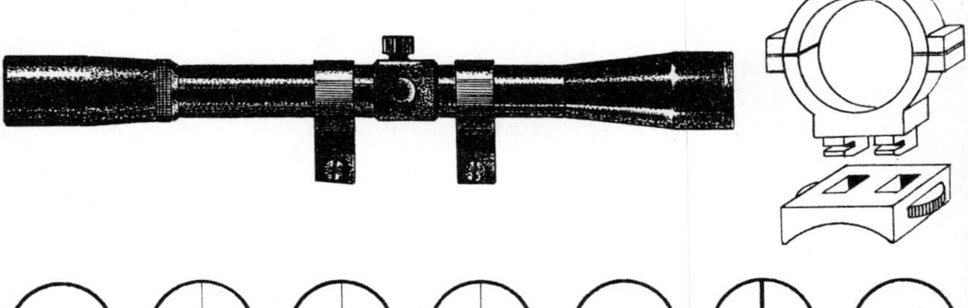

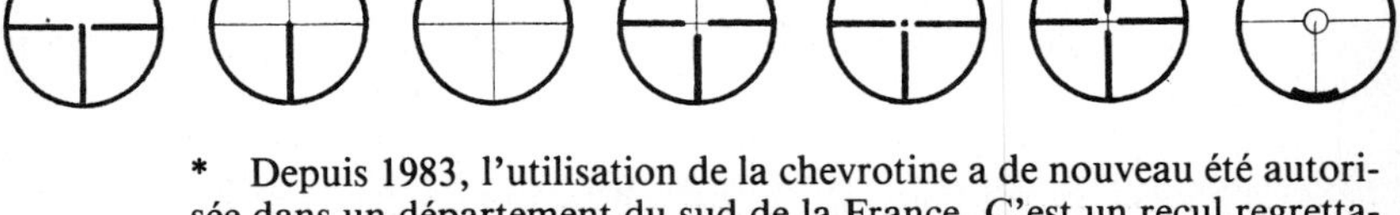

* Depuis 1983, l'utilisation de la chevrotine a de nouveau été autorisée dans un département du sud de la France. C'est un recul regrettable, néfaste à l'évolution de l'image de la chasse.

réglable 1,5-6 × grossit de 1 fois et 1/2 à 6 fois ; le deuxième chiffre indique le diamètre utile de l'objectif en millimètres.

Le champ

C'est la portion de terrain couverte par la lunette à une distance de 100 m. Plus le grossissement d'une lunette est fort plus le champ est réduit.

Le coefficient crépusculaire :

Il s'agit en fait de la luminosité de la lunette.

Ce qu'il faut encore savoir à propos des lunettes de visée

La bonne qualité d'une lunette de visée dépend non seulement de ses caractéristiques optiques mais aussi du traitement des verres, du montage et de l'ajustage des lentilles et surtout de l'étanchéité absolue.

Il existe divers types de montages de lunettes dont le plus onéreux mais de loin le meilleur est le montage à crochets. Les autres montages sont les fixations à glissières, le montage fixe, le montage à pivots...

Il est très dangereux d'utiliser des lunettes de visée sur des carabines de gros calibres en raison du recul de l'arme. La lunette risque de heurter l'œil ou l'arcade sourcilière du tireur.

Lors du transport d'une carabine il faut toujours ôter la lunette afin de ne pas la dérégler et d'éviter les chocs.

Les grossissements les plus utilisés sont : 1-1, 5-2 en battue et de 4 à 8 à l'approche ou à l'affût.

LES JUMELLES

Pour toutes les chasses à l'approche ou à l'affût, les jumelles sont devenues un auxiliaire indispensable du chasseur.

Avant de tirer un animal il est impératif de le « juger » correctement.

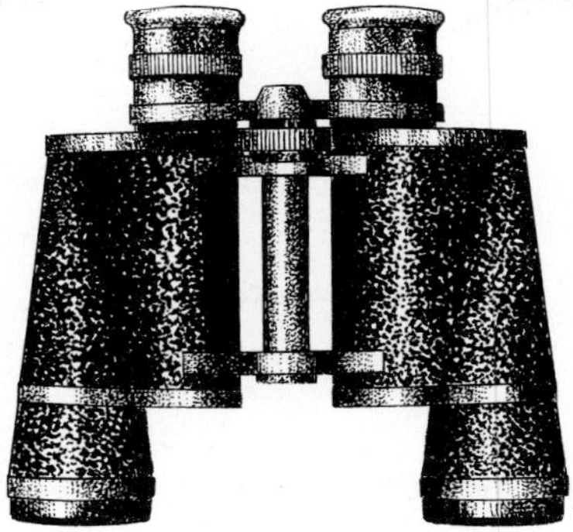

Choisir les jumelles

Pour résister aux dures conditions de la chasse, il *faut* que ces jumelles soient de bonne fabrication (étanchéité, montage, traitement optique) et choisies en fonction de leur utilisation.

1) Pour le jour : des jumelles légères et maniables seront suffisantes. Il faut que la vue soit nette sans appui, donc ne pas choisir un trop fort grossissement. Veiller également à ce que le champ de vision soit le plus large possible. Le 8 × 30 convient parfaitement.
2) Pour l'affût et le mirador : l'observation se faisant avec appui, le chasseur aura intérêt à choisir des jumelles à fort grossissement, de grande puissance crépusculaire et très lumineuses. La 12 × 50 remplit ces conditions.

ATTENTION !

Avec des jumelles à fort grossissement, il faut obligatoirement utiliser des points de repère pour juger un animal. Par exemple pour un chevreuil, comparer la longueur des bois à celle des oreilles, etc.

LES COUTEAUX DE CHASSE

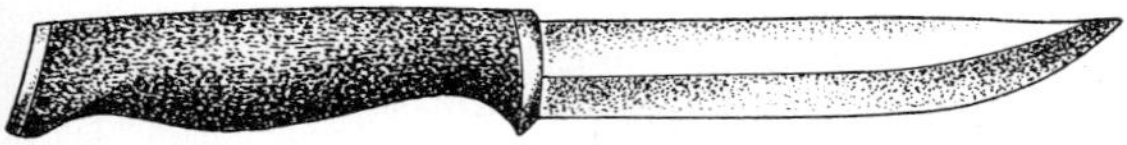

Couteau à découper et dépecer

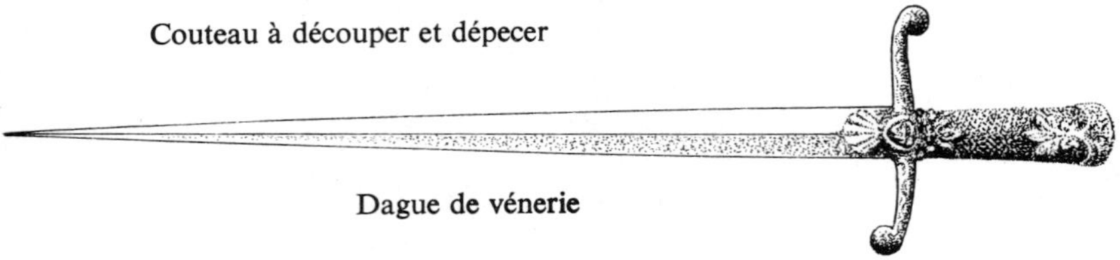

Dague de vénerie

Le terme « couteau de chasse » ne désignait jusqu'à une certaine époque que les couteaux de vénerie dont on se munissait pour « servir » les animaux chassés à courre. Ces couteaux sont désormais plus souvent connus sous le nom de dagues. Les veneurs les portent toujours au ceinturon à l'intérieur d'un fourreau.

A l'inverse, ceux que l'on désigne maintenant sous le nom de « couteaux de chasse » sont les couteaux à découper ou à dépecer.

Leur utilisation tend à se généraliser dans notre pays parallèlement au tir sélectif et au tir à l'approche du grand gibier. En effet, dans les autres pays européens où l'on use de ces modes de chasse depuis longtemps, il est de coutume de vider sur place le gibier abattu, d'où la nécessaire présence du couteau à découper ou à dépecer.

CHASSE ET RÈGLES DE PRUDENCE

Tous les modes de chasse, comme d'ailleurs les diverses activités sportives, impliquent un certain risque. Ici, le risque est accru par l'utilisation d'armes à feu capables de blesser et même de tuer un homme à courte comme à longue distance. Il convient donc de respecter certaines règles élémentaires de prudence.

a) EN DEHORS DE L'ACTION DE CHASSE

Il ne faut jamais laisser dans une maison un fusil à la portée d'enfants, même si les cartouches se trouvent placées à un autre endroit. La règle doit être absolue.

Le fusil doit toujours être déchargé : il ne se charge qu'au moment de l'action de chasse. Un choc peut quelquefois suffire à déclencher le coup...

Attention à la sûreté des fusils, elle peut très souvent défaillir. Destinée à retenir le percuteur, il peut arriver qu'elle ne remplisse pas sa fonction, auquel cas gare à l'accident ! Et puis trop souvent, et plus particulièrement sur certains vieux fusils, on ne sait jamais si la sécurité est enclenchée ou non. Dans ce cas, pour éviter toute méprise : « casser » le fusil.

Enfin, il faut toujours vérifier l'état du fusil avant et après la chasse.

Pour circuler en auto avec une arme, il faut toujours la démonter : il s'agit même là d'une obligation légale.

b) PENDANT L'ACTION DE CHASSE

Vérifier les cartouches, ne jamais les laisser à l'arrière d'une voiture, surtout si le temps est chaud : la chaleur concentrée dans la munition risque de provoquer des surpressions dangereuses.

Veiller à ce que le chambrage des cartouches convienne au fusil. Il est impératif de ne jamais introduire de cartouches de 70 mm dans un canon de fusil chambré à 65 mm.

En introduisant la cartouche dans le fusil, s'assurer que le ou les canons ne sont pas obstrués, ce qui provoquerait, dans presque tous les cas, une explosion du fusil : en conséquence, ne jamais appuyer le canon de l'arme sur le sol pendant les poses.

Éviter de mettre dans une même cartouchière les cartouches à plombs et les cartouches à balles, beaucoup plus dangereuses. Il est prudent de séparer soigneusement les cartouches à plombs des cartouches à balles pour éviter tous risques inutiles.

Pendant l'action de chasse, il est recommandé de ne charger l'arme que si l'on pense avoir à tirer bientôt. Le reste du temps, il faut laisser le fusil ouvert.

Ne jamais braquer l'arme en direction d'un autre chasseur, même si elle est vide : cela risque de déclencher de sa part une réaction violente et compréhensible. Un accident est trop vite arrivé !

Quand le chasseur passe une barrière, il « casse » son fusil et le pose, avant de franchir l'obstacle : la queue de détente risquerait de se prendre dans un barbelé ou un choc pourrait faire partir le coup. Dans le même ordre d'idée, il ne faut jamais laisser son fusil chargé à terre ou posé contre un arbre, ni battre un roncier ou un buisson avec le canon du fusil, etc.

Pour refermer son fusil, on remonte la crosse afin de ne jamais pointer le canon à hauteur d'homme.

Ces règles peuvent paraître évidentes, mais il convient de les respecter scrupuleusement car, chaque année, il y a encore de trop nombreux accidents qui surviennent à la suite de maladresses ou d'imprudences. Et même des chasseurs réputés bons sont parfois cause de tels accidents.

c) COMMENT TENIR SON FUSIL

Les schémas ci-contre indiquent les seules bonnes façons de tenir un fusil hors et pendant l'action de chasse. Bien veiller à ne jamais mettre la bretelle d'un fusil à l'épaule si celui-ci n'est pas déchargé.

d) AVANT DE TIRER

En tout état de cause, il ne faut jamais tirer un gibier avant de l'avoir parfaitement identifié, ni tirer dans un buisson, car on ne sait jamais ce qu'il peut y avoir derrière.

Attention aux dénivellations du terrain qui peuvent

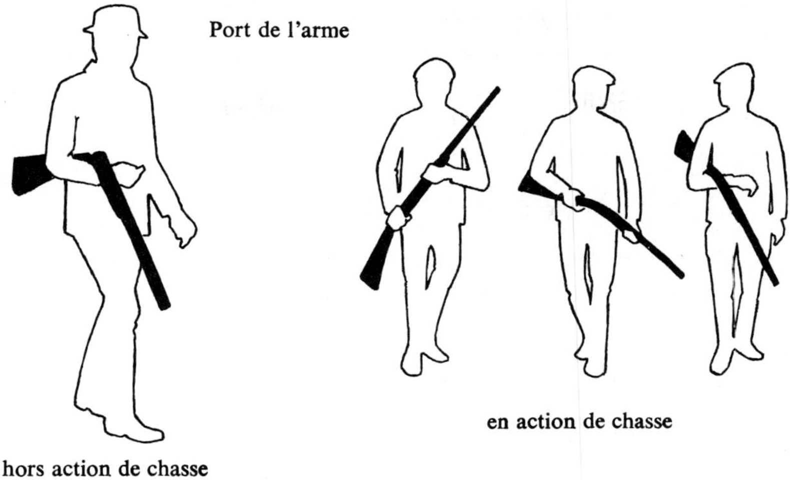

dissimuler un chasseur ou un promeneur sans pour autant le prémunir des plombs.

Au moment de tirer, le chasseur doit rester calme, ne pas se laisser aveugler ou hypnotiser par le gibier qu'il vise, mais au contraire être toujours parfaitement conscient de ce qu'il y a derrière le gibier.

Les distances aussi doivent être bien appréciées : on a vu qu'en terrain découvert la portée d'une arme rayée était de plusieurs kilomètres. En conséquence, avant de tirer, il faut s'assurer d'un tir fichant. Même observation pour les balles utilisées dans les armes à canons lisses, en sachant toutefois que leur portée est un peu inférieure. Pour le tir à plombs la distance de sécurité, très nettement inférieure, se situe aux environs de 300 mètres.

RÈGLES PARTICULIÈRES POUR LA CHASSE EN BATTUE

Pendant les chasses en battue, on tire soit devant la ligne des chasseurs, soit derrière, mais jamais lorsque l'oiseau arrive sur la ligne à moins qu'il ne soit au-dessus de votre tête. Au contraire, pendant les battues de grand gibier, les chasseurs se placent généralement ventre au bois et ne tirent le gibier annoncé que lorsqu'il passe la ligne ; si le gibier tiré est blessé aucun d'entre eux ne doit bouger avant que le signal de fin de battue ne soit donné.

CONSEIL AUX CHASSEURS :

Pour ceux qui ont l'habitude de chasser en battue ou devant eux il existe des lunettes anti plombs qui protègent efficacement les yeux des plombs perdus (accident fréquent). Il faut bien les choisir, les seules vraiment efficaces étant en verre triplex avec des protections latérales. Certaines lunettes en plastique dur protègent, mais se rayent facilement et déforment un peu la vue.

UN GRAND DANGER : LES RICOCHETS

Certaines balles ou certains plombs atteignant une cible dure peuvent ricocher sérieusement, cet exemple en témoigne : dans une battue au gros gibier, un chasseur tire et tue un sanglier ; la balle continue sa course, frappe un arbre, ricoche et vient tuer le chien d'un chasseur posté 50 mètres plus loin. De quoi faire réfléchir sur les conséquences d'un ricochet malheureux !

Le ricochet a souvent lieu lorsqu'une balle rencontre un corps dur sous un angle bien particulier. Il faut s'en méfier et prendre des précautions de tir par temps de gel, sur des plans d'eau, des sols pierreux ou des troncs d'arbres. L'emploi des balles sphériques et en acier est aussi fortement déconseillé. On ne comprend d'ailleurs pas très bien pourquoi elles sont encore autorisées à la vente.

ATTENTION !

Plus on tire sous un angle fermé, plus le risque de ricochet est grand, ce qui signifie qu'il est plus dangereux de tirer sous un angle de 15 degrés que sous un angle de 30 ou de 40 degrés.

10 QUESTIONS SUR LES ARMES

I/Q. : Qu'est-ce que la bascule d'un fusil ?
R. : La pièce maîtresse permettant la jonction entre les canons et le mécanisme (exception pour les fusils à canons fixes).

II/Q. : Quand dit-on qu'un fusil est full-choke ?
R. : Lorsque l'âme du canon est réduite de 1 mm au diamètre.

III/Q. : A quoi sert la bourre d'une cartouche ?
R. : Elle pousse la charge de plomb et a l'action d'un piston ; elle peut être en feutre, en liège, en plastique.

IV/Q. : Quelle est la portée moyenne d'une cartouche à balle ?
R. : 50 mètres, au-delà il faut commencer à faire des corrections importantes.

V/Q. : Qu'est-ce que la percussion annulaire ?
R. : Il s'agit d'un pincement du bord de la douille coincée entre la chambre et le percuteur.

VI/Q. : Quelle est la vitesse moyenne d'une balle de carabine ?
R. : Elle se situe entre 800 et 1000 m/s.

VII/Q. : En Europe, comment exprime-t-on le calibre d'une carabine ?
R. : On utilise le système métrique, le premier chiffre indique en millimètres le diamètre de la balle et le second, en millimètres toujours, la longueur de la douille. Exemple : 7 × 64.

VIII/Q. : Quel est le grossissement idéal d'une lunette pour le tir en battue ?
R. : 1,5.

IX/Q. : Quel est le danger plus particulier du tir à balle ?
R. : Le ricochet.

X/Q. : Quelles sont les balles de fusils déconseillées ?
R. : Les balles sphériques en acier.

5

LES MODES DE CHASSE

En battue. Devant soi. Sélective. Au gibier d'eau. Au gabion. A la passée. A courre. Au vol. Le déterrage.

Vous connaissez le gibier et les armes, étudions maintenant les divers modes de chasse. Il en existe de nombreux, vous ne les pratiquerez pas tous, mais il est important pour un apprenti chasseur de les passer en revue.

La chasse en battue

Elle ne réclame que peu de connaissances, si ce n'est celle du gibier que l'on chasse, mais aussi une certaine adresse au tir : il ne faut jamais tirer un gibier de trop près, pour éviter de le massacrer, ni tirer de trop loin, car on risquerait de blesser l'animal sans pouvoir le récupérer.

En fait, ce mode de chasse nécessite surtout une grande prudence à l'égard des autres chasseurs pour prévenir tout accident.

En battue, un certain nombre de chasseurs sont postés alors que d'autres, les rabatteurs, marchent. Le rabatteur doit avancer bien en ligne dès que le signal du départ a été donné, en suivant scrupuleusement les consignes de tir. Il ne peut ni s'arrêter ni se porter en avant de la ligne de rabat. Le rabatteur ne tire jamais un gibier lorsqu'il passe la ligne de rabat : il tire devant ou derrière. Lorsqu'il arrive à proximité des chasseurs postés, il ne tire plus devant. Il doit marcher lentement et faire de courtes haltes à intervalles réguliers, le gibier, inquiet, profitant souvent de cet instant pour partir. Dès la fin de la battue, tous les participants déchargent leurs fusils.

AU BOIS

Il s'agit généralement de battues au grand gibier. Le chasseur, posté, se place ventre au bois, et ne tire les animaux qu'au saut d'un chemin ou d'un layon. Il ne bouge pas jusqu'au signal de fin de traque, même s'il a tué ou blessé un gibier. Les rabatteurs, quant à eux, marchent en frappant simplement les troncs avec un morceau de bois pour ne pas trop effrayer le gibier. Ils se signalent fréquemment les uns aux autres en criant « Hop ! » ce qui leur permet de se réaligner. Si un rabatteur porte un fusil, il doit faire preuve de la plus grande prudence.

En battue, chaque chasseur est muni d'une trompe ; lorsqu'il tue un animal, il l'annonce selon le code prévu avant la chasse afin de faire cesser le tir dès que le tableau est atteint. Ce code de trompe prévoit aussi un appel de début de traque et un appel de fin de traque sonné par le responsable de la battue.

Attention ! Au moment du tir, il faut prendre le temps de juger l'animal, car certains chasseurs confondent encore trop souvent cerfs, biches et chevreuils au saut. Cela peut coûter cher.

Lors des battues de cervidés il faut veiller, dans une harde de mâles, à ne tirer qu'un mâle de tête, le mâle dominant se trouvant en queue. Dans une harde de biches il faut tirer les biches de queue car, en tête se trouve la meneuse.

En fin de battue, il est de tradition et de bon ton de présenter correctement le tableau de la chasse, en prenant soin du gibier qui vient d'être tiré : on porte les animaux morts, et on les pose.

En battue, il faut aussi veiller à être courtois à l'égard de son voisin le plus proche en ne tirant pas systématiquement ce qui passe à sa portée.

La chasse devant soi

Il ne reste plus grand-chose à ajouter, surtout si le chasseur connaît bien le gibier, les armes, les règles de prudence. Il doit toujours avoir présente à l'esprit l'idée qu'il faut identifier un gibier avec certitude avant de le tirer, plutôt que de commencer par tirer pour aller identifier l'animal mort ensuite, surtout si cet animal est protégé. Ce mode de chasse simple procure beaucoup de plaisir, notamment si on le pratique avec un chien d'arrêt, dont le dressage réussi permettra de jolis coups de fusil consécutifs à des arrêts inoubliables.

La chasse sélective

Mis à part la chasse à courre ou en battue, un nouveau mode de chasse au grand gibier s'implante rapidement dans notre pays. Il s'agit de la chasse dite « sélective » du grand gibier. Nécessitant la connaissance parfaite du nombre de grands gibiers évoluant sur un territoire déterminé, elle s'exerce depuis longtemps en Allemagne et dans d'autres pays de l'Est.

On connaît le cheptel ainsi que les capacités nourricières du territoire sur lequel il se tient. Il s'agit de maintenir, de diminuer ou d'augmenter ce cheptel en fonction de ces capacités nourricières, dans le dessein de l'améliorer. Cette amélioration passe obligatoirement par la sélection : il faut donc éliminer les animaux déficients ou malades, les jeunes en surnombre, certaines femelles et les adultes dits « de récolte ». En fait, pour obtenir un cheptel vigoureux, il est indispensable de sélectionner dans les deux sexes et dans toutes les classes d'âge.

Seul danger à craindre : le chasseur risque d'attraper la « trophéite », ou course aux trophées records, qui lui fait oublier la véritable sélection ; il doit veiller à ne pas tomber dans ce piège.

Cette chasse sélective s'opère soit à l'approche, ou « pirsche », soit au mirador ; dans les deux cas, il s'agit d'une chasse silencieuse.

N.B. — Pour le grand gibier, le tir « de récolte » pour les trophées s'effectue généralement au moment du rut : septembre ou début octobre pour le cerf, juillet pour le chevreuil, etc.

La chasse au gibier d'eau

Elle se pratique sous des aspects très variés, soit dans les marais de l'intérieur, soit le long des côtes sur le domaine public maritime.

La saison de la chasse au gibier d'eau est la plus longue puisqu'elle commence dès la fin juillet pour se terminer à la mi-mars. Néanmoins, les périodes les plus intéressantes se situent à l'automne et à la fin de l'hiver.

Petit à petit, les sauvaginiers, conscients de la diminution de la faune migratrice, raccourcissent la période de chasse, et l'on tend à clore la chasse au printemps, époque à laquelle les oiseaux remontent de leurs lieux d'hivernage pour nidifier.

La vente et le colportage de tous les gibiers migrateurs sont interdits. Le col-vert, élevé en grande quantité, échappe à cet arrêté du 10 décembre 1976.

Pour chasser le gibier d'eau avant l'ouverture générale, il faut se procurer le timbre « gibier d'eau » en faisant valider son permis de chasser. Ce timbre n'est pas obligatoire si l'on chasse le gibier d'eau à l'ouverture générale et au-delà de la fermeture générale jusqu'à la mi-mars. Il est indispensable en tout temps pour la chasse du gibier d'eau dans les départements côtiers.

LA CHASSE SUR LE DOMAINE PUBLIC MARITIME

Qu'appelle-t-on domaine public maritime ?

Le texte le plus ancien s'intéressant à cette question est l'Ordonnance du roi concernant la marine prise du temps de Colbert (août 1681) et qui parle de « bord et rivage de la mer ». Ce texte stipule : « Sera réputé bord et rivage de la mer tout ce qu'elle couvre et découvre pendant les nouvelles et pleines lunes et jusqu'où le flot de mars se peut étendre. » La notion, on le voit, était simple.

C'est avec l'élaboration du Code civil (1804) qu'elle se compliquera, et actuellement différents textes permettent de penser que le domaine public maritime est composé des éléments suivants :

— ***Le rivage de la mer*** (article 538 du Code civil), défini par l'Ordonnance sur la marine de 1681.

— ***Les ports, havres et rades*** (article 538 du Code civil).

— ***Les étangs salés.***

— ***Les lais et relais de la mer*** qui se sont constitués depuis la loi du 28 novembre 1963 (décret d'application du 24 mars 1969), ainsi que les terrains artificiellement soustraits à l'action du flot.

Lais : terrains que la mer en se retirant laisse à découvert de façon permanente.

Relais : portions de territoire ayant constitué le « rivage de la mer » et que le grand flot a cessé de recouvrir en se retirant avec le temps.

— ***Le sol et le sous-sol de la mer*** (loi du 28 novembre 1963) dans la limite des eaux territoriales. (Les eaux de la mer ne font toutefois pas partie du domaine public maritime, car elles ne sont pas susceptibles d'appropriation.)

— ***Les terrains réservés par l'État*** (loi du 28 novembre 1963) sur arrêté interministériel pour une période de cinq ans et qui, avec l'accord du propriétaire, peuvent être rachetés et incorporés au domaine public.

La chasse en bateau

Elle vient de subir des modifications qui rendent sa pratique très difficile, voire impossible.

Elle est autorisée aux conditions suivantes :

— A partir d'embarcations ou d'engins de surface *non munis de moteurs* et avec autorisation du chef de quartier des affaires maritimes.

— Le nombre de fusils par embarcation ou engin ne peut être supérieur à deux.

— Le calibre des fusils ne peut être supérieur à 12.

— Les fusils ne peuvent être fixés sur affûts.

— Le plomb utilisé doit être d'un diamètre inférieur ou égal à 4 mm.

— Le rabat est interdit avec des embarcations ou autres engins de surface munis de moteurs. Sont également proscrits : les pièges, les cages, les filets, les phares, les lanternes, les systèmes lumineux et sonores pour la capture des oiseaux.

— La chasse maritime est interdite en tout temps (outre dans les réserves) au-dedans des jetées des ports, à moins de 300 mètres du point de mouillage des navires, des installations fixes en mer (phares, balises), des établissements de pêche maritime.

— Lorsqu'ils sont fixés par destination, les engins de surface doivent être séparés par une distance minimale de 150 mètres.

ATTENTION !

Le tir en bateau est assez périlleux, assurez votre position avant de tirer.

Pouvez-vous chasser sur le domaine maritime ?

Oui, mais à condition d'appartenir à une société de chasse maritime. Vous enverrez votre demande d'adhésion au président de l'association dont vous voulez faire partie avant le 1er août et paierez une cotisation annuelle assez peu élevée.

Comment chasser sur le domaine public maritime ?

Chaque société peut avoir un règlement qui lui est propre, mais toutes autorisent généralement la chasse à la botte en bord de mer, la chasse à la passée le matin et le soir, la chasse en bateau, la chasse à la tonne et au gabion, suivant que ces installations existent ou non dans la région. Les sociétés distribuent des cartes de gabions et habituellement tirent au sort entre les sociétaires la répartition des nuits.

LA CHASSE AU GABION

Elle se pratique soit sur le domaine maritime public, soit dans les marais de l'intérieur.

Le gabion, installation en dur plus ou moins confortablement aménagée, est enterré de façon que seules les ouvertures apparaissent à la hauteur d'un plan d'eau (naturel ou creusé) appelé « mare ». Ces ouvertures, ou guignettes, permettent au chasseur d'observer et de tirer les canards sauvages qui se posent sur la mare pendant la nuit. Pour les attirer, le chasseur dispose sur le plan d'eau un certain nombre de canards plus ou moins domestiqués, ou appelants.

La hutte et la tonne ont une utilisation semblable à celle du gabion, mais un aspect un peu différent.

Difficultés de la chasse au gabion

La principale difficulté de la chasse au gabion réside dans le piquage, la disposition et le choix des appelants. Deux attelages d'appelants différents sur deux mares rapprochées peuvent faire varier à 100 pour 100 le résultat de la chasse d'un gabion à l'autre. Les meilleurs gabionneurs changent la disposition de leurs appelants en pleine nuit lorsque le vent tourne.

Un bon attelage nécessite : une cane « long-cri », qui doit chanter souvent pour signaler le passage et l'arrivée du gibier ; deux ou trois canes « court-cri », qui incitent le gibier à se poser lorsqu'il passe au-dessus de la mare ; enfin, trois ou quatre mâles tranquilles, qui, avec les court-cri, encouragent à la pose.

La disposition varie au gré de chaque gabionneur, mais, d'une façon générale, le long-cri est placé en bout de mare alors que les court-cri sont situés à proximité du gabion.

Quelques conseils

— Très souvent, les gabionneurs emploient des formes en bois ou en plastique appelées « blettes », qui complètent l'attelage.

— Ne pas utiliser comme appelants des canards qui n'ont pas l'habitude d'être sur l'eau, car leur plumage n'est pas imperméable et ils risquent la noyade.

— Une bague, une ficelle et un plomb à l'extrémité suffisent à tenir les appelants en place. Veiller simplement à ce qu'ils ne soient pas trop rapprochés les uns des autres, sinon ils risquent de s'emmêler.

— Pour transporter des appelants, considérés comme gibier vivant, il faut un permis spécial, délivré par les administrateurs des affaires maritimes de la circonscription intéressée ou bien par le directeur départemental de l'agriculture dans les départements intérieurs. Ce permis n'est pas nécessaire s'il s'agit d'un gibier né et élevé en captivité, à condition de pouvoir en apporter la preuve.

— La nuit, l'utilisation de la lunette de tir s'impose, ne serait-ce que pour bien identifier le gibier.

— En principe, les meilleures nuits sont soit celles où il y a de la tempête, car les canards ne peuvent rester en mer, soit celles qui suivent les grandes vagues de froid sur le nord de l'Europe.

— Certains gabions situés en mer en bordure de la côte sont mobiles : ils montent et descendent au gré de la marée, tout en étant fixés au fond par quatre chaînes.

Chasse à la passée

LA CHASSE A LA PASSÉE

Elle se pratique en bord de mer et dans les marais de l'intérieur. Le gibier d'eau bouge au moment du lever du jour et de la tombée de la nuit. Quelquefois, les oiseaux passent à la nuit, et il n'est alors guère possible de les voir : un aléa de la chasse ! La technique de chasse est simple : il suffit de se dissimuler dans les roseaux ou un fossé et d'attendre les oiseaux à proximité de l'endroit où ils viennent se poser. La principale difficulté réside dans le tir, rendu malaisé par la pénombre.

LA CHASSE A LA BOTTE

Elle se pratique de jour, principalement pour les limicoles en bord de mer ; le chasseur essaie d'approcher les voliers en se dissimulant. Les spécialistes arrivent à imiter le cri des oiseaux et à détourner leur vol.

La chasse au cul levé

Elle ne fait pas l'objet d'une technique particulière et consiste à essayer de tirer des canards en les levant en bordure d'étangs ou de marais.

LES APPEAUX ET APPELANTS A LA CHASSE

L'utilisation à la chasse des appeaux et appelants est interdite par l'article 376 du Code rural, qui punit « ceux qui auront chassé avec appeaux, appelants ou chanterelles d'une amende de 1 000 à 2 000 F et d'un emprisonnement possible de six jours à deux mois ».

Cependant, il existe des dérogations en ce qui concerne la chasse au poste du gibier de passage.

— L'emploi de la chanterelle (oiseau femelle servant d'appelant) pour le gibier d'eau autre que migrateur est formellement interdit.

— Pour la hutte, le gabion et la tonne, l'utilisation d'un autre appelant que le col-vert sur le domaine public maritime peut exposer le contrevenant à une amende de 500 à 1 000 F. Sur le domaine privé, l'autorisation d'utiliser d'autres appelants dépend de l'arrêté réglementaire départemental sur la chasse, mais aussi des arrêtés d'ouverture.

13 % du domaine maritime est en réserve de chasse.

La chasse à courre

Ce mode de chasse consiste, selon une définition ancienne, à tenter de « prendre des animaux à force de chiens et de chevaux (même à pied) sans enrayer par armes ni engins d'aucune sorte leur fuite ». Plus précisément : « La chasse à courre, c'est un animal libre, dans un territoire libre, chassé par des chiens qui ne le sont pas moins, mais qui auront à lutter contre les obstacles d'un milieu qui, en tolérant la sélection, est de lui-même son meilleur protecteur. »

Chasse conventionnelle et traditionnelle, la vénerie est toute de règles que les veneurs se doivent de respecter ; ils se chargent de déjouer toutes les ruses de l'animal chassé.

Quelques chiffres pour situer la vénerie française

- Nombre d'équipages :

Cerfs	31
Sangliers	14
Chevreuils	44
Renards	17
Lièvres	65
TOTAL	171

- Chiens de meute : plus de 6 000 sujets sans l'élevage (élevage : 1 500), répartis sur plus de vingt espèces, dont certaines sont très anciennes et uniques au monde.
- Chevaux : 4 000 sans l'élevage.
- Nombre de chasses par semaine : 250.
- Départements concernés : 47.
- Territoire :

Forêts domaniales	400 000 ha
Forêts privées	300 000 ha
Plaines et boqueteaux	100 000 ha

- Public concerné sur l'ensemble du territoire : 50 000 personnes, dont 2 300 sonneurs de trompe.
- Pourcentage du prélèvement effectué par la vénerie par rapport à celui de la chasse française pour la saison 1974/1975 :

Cerfs	800	29 %	de la prédation totale
Sangliers	250	0,5 %	de la prédation totale
Chevreuils	150	1 %	de la prédation totale
Lièvres	300	0,001 %	de la prédation totale

Chasse à courre

L'organisation d'un équipage

Un équipage de vénerie est organisé un peu à la façon d'une société de chasse. Il vit avec un budget, des actionnaires (les boutons), un territoire de chasse.

— *Le maître d'équipage :* généralement, le chenil et les chiens lui appartiennent. Il a un peu le rôle d'un président de chasse et s'occupe de toutes les affaires de l'équipage : relations publiques, règlement du piqueux, paiement de la nourriture des chiens, des soins qui leur sont dispensés, des locations de forêts... Le maître d'équipage assume également un rôle important à la chasse, il mène les chiens avec le piqueux, décide de l'élevage au chenil. Il est responsable de la bonne marche de l'équipage.

— *Le bouton :* désigné ainsi parce qu'il a le droit de porter le bouton et la tenue aux couleurs de l'équipage, il tient aussi la trompe et le fouet, ustensiles indispensables à la chasse. Pendant un laisser-courre, il a le rôle actif qui consiste à encercler la chasse pour sonner des vues, à arrêter les chiens qui s'égarent pour leur faire rejoindre la bonne chasse.

— *Le piqueux :* durant la semaine, il s'occupe des chiens au chenil ; les jours de chasse, il les contrôle, les mène en compagnie du maître d'équipage. S'il fait le bois avant la chasse pour trouver des animaux, il joue le rôle de « valet de limier ».

On appelle ainsi toute personne qui prend un chien pour faire le bois avant chaque chasse.

L'ORGANISATION DE LA VÉNERIE

L'organisation de la vénerie française s'est modifiée en très peu de temps pour faire face aux problèmes les plus aigus, notamment en matière de « campagne antichasse ». Il en est résulté la création d'une nouvelle association et l'adoption de nombreux projets.

L'Association française des équipages de vénerie

Fondée le 6 juin 1977 au cours d'une réunion des maîtres d'équipage, elle se donne comme but de défendre et de réglementer la vénerie française par l'intermédiaire de ses responsables. Elle regroupe les maîtres d'équipage et s'est fixé comme but de nommer un délégué général employé par l'association et chargé de régler tous les problèmes de relations publiques avec la presse et les autorités administratives de la chasse et de l'Office des forêts.

Un certain nombre de commissions ont également été créées pour soutenir le délégué général dans son action : la commission relations publiques, chargée de répondre aux articles de presse ; la commission arbitrage, chargée de surveiller le respect des règles de la vénerie au sein de chaque équipage ; la commission équitation.

Le point le plus important est l'adoption du budget, alimenté par les cotisations des équipages et donnant à l'association les moyens de fonctionner.

La Société de vénerie

Elle regroupe les amis de la vénerie, qui reçoivent toutes les informations les concernant par l'intermédiaire du bulletin *Vénerie.* Elle organise aussi différentes manifestations : concours, présentation de meutes, etc.

La tenue de vénerie

La tenue de vénerie a un rôle purement fonctionnel. Il s'agit d'une grande redingote d'équitation en drap épais, protégeant efficacement le veneur du froid et de la pluie. Sa couleur, due au choix du maître d'équipage, n'a généralement pas de signification particulière.

Le bouton, quant à lui, représente souvent l'animal chassé par l'équipage ; une devise y est souvent adjointe, du style : « Es'lancade, es'gahade » (« C'est lancé, c'est pris » ; rallye Merrein, dans les Landes) ; seuls les membres de l'équipage le portent.

Les autres attributs du veneur consistent en trois instruments indispensables :

— Le fouet, que l'on fait claquer devant les chiens lorsqu'ils empruntent une mauvaise voie.

— La trompe, symbole de la vénerie, qui permet de suivre le déroulement de la chasse, avec ses principales péripéties, grâce aux différentes fanfares de circonstance. Cet instrument, enroulé à trois tours et demi (il mesure 4,55 mètres de longueur), présente d'extraordinaires possibilités musicales et de portée. A l'extrémité la plus fine de la trompe se trouve l'embouchure, qui sert à faire les notes, alors que la trompe proprement dite n'a qu'un rôle d'amplification. Il existe des sonneries pour toutes les phases de la chasse : l'arrivée au rendez-vous, le lancer, le débucher, le bat-l'eau, l'hallali... Et d'autres pour désigner les animaux chassés : le chevreuil, le lièvre, le daguet, la troisième tête...

— La dague de vénerie : utilisée pour servir les animaux à l'hallali, elle peut toutefois, comme le prévoient les règles de la vénerie, être remplacée, en cas de danger, d'incident ou d'accident, par la carabine ou le fusil.

ATTENTION !

Tout veneur qui à la chasse porte un fouet et une trompe fait acte de chasse et par conséquent doit avoir sur lui son permis de chasser.

LA TECHNIQUE DE CHASSE

Elle consiste à forcer un gibier avec une meute. Celle-ci doit être composée de trente chiens au minimum pour chasser le cerf et le sanglier, de vingt pour le chevreuil, de six pour le lièvre et de dix pour le renard.

Les équipages chassent soit sur des bois privés, soit sur des massifs domaniaux, auquel cas ils sont obligés de respecter le cahier des charges édicté par l'Office des forêts. Ce cahier s'appelle « cahier des clauses générales ».

Pour chasser à courre, les veneurs sont soumis au plan de chasse, et ce pour le cerf et le chevreuil.

Avant de chasser un animal, il faut le rembucher, c'est-à-dire le localiser et le juger quelques heures avant la chasse à l'aide d'un chien, le limier. Ce jugement nécessite une connaissance approfondie des empreintes et lieux de passage du gibier. La personne qui fait le bois casse une branche, la brisée, à l'endroit où l'animal rentre dans une enceinte.

A l'attaque, les chiens sont mis à la brisée, ils rapprochent et lancent l'animal chassé. Le laisser-courre consiste à chasser avec des chiens bien ameutés et à déjouer les nombreuses ruses du gibier. Les principales difficultés de la chasse sont :

— Le change : l'animal essaie de livrer et de pousser un animal frais devant les chiens.

LES RÈGLES DE LA VÉNERIE

La vénerie, qui comprend la chasse à courre à cor et à cri et la chasse sous terre, se pratique avec un équipage comprenant une meute de chiens servis par des veneurs se déplaçant soit à pied, soit à cheval.

Pour la chasse à courre à cor et à cri, l'équipage doit être susceptible de découpler :

- trente chiens courants créancés des races spécialisées servis par au moins deux personnes à cheval pour le courre du cerf et du sanglier ;
- vingt chiens courants créancés des races spécialisées servis par au moins une personne à cheval pour le courre du chevreuil et du daim ;
- dix chiens courants créancés des races spécialisées servis par au moins une personne à cheval pour le courre du renard ;
- six chiens courants créancés des races spécialisées pour le courre du lièvre.

Les meutes de chasse sous terre doivent comprendre au moins trois chiens créancés sur la voie du renard ou du blaireau.

Au cours de la chasse, chaque équipage de chasse à courre ou de chasse sous terre doit être dirigé par un responsable titulaire et porteur du permis de chasser visé et validé.

Tout membre de l'équipage portant simultanément le fouet et la trompe de chasse (ou la corne de chasse) et éventuellement une arme doit être titulaire et porteur du permis de chasser visé et validé.

L'action de faire le bois avec limier est un acte de chasse et implique la possession du permis de chasser visé et validé.

Désormais, l'arme à feu est vivement conseillée pour servir un animal aux abois, l'arme blanche reste réglementaire, mais ne devrait pratiquement plus être utilisée (réglementation AFEV 1984).

Pour la chasse à courre à cor et à cri, les relais en voiture ou en camion sont interdits. Il est toutefois toléré que six chiens au maximum soient transportés dans un véhicule pendant la chasse ; ils doivent être donnés en une seule fois en présence d'au moins un cavalier, sauf pour la vénerie du lièvre.

Le directeur départemental de l'agriculture établit pour tout équipage dont le chenil est situé dans le département une attestation de conformité de la meute aux dispositions ci-dessus. Cette attestation comporte tous renseignements utiles sur les caractéristiques de l'équipage ainsi que le nom et l'adresse de son responsable. Elle est valable pendant trois ans.

— Le forlonger : le gibier prend beaucoup d'avance et distance les chiens sans s'arrêter.

— Les doubles voies : l'animal reprend sa voie chassée.

— Le bat-l'eau : dans l'eau, les effluves du gibier s'estompent...

Le résultat n'est jamais acquis ; cependant, lorsque l'animal est hallali, il faut le « servir » rapidement.

La chasse au vol *(voir nouvelle réglementation p. 246)*

Ce mode de chasse légalement reconnu, qui remonte aux temps les plus anciens, ne regroupe qu'un petit nombre d'amateurs en France, alors qu'il jouit d'une grande renommée dans les pays arabes. Cette pratique s'est raréfiée chez nous non seulement à cause de la diminution des rapaces, mais aussi du fait de sa difficulté. Dresser un oiseau de proie nécessite un travail quotidien patient et méticuleux pour créer un contact suffisant entre l'oiseau et son maître. La chasse au vol se caractérise par deux techniques bien distinctes, fondées sur les capacités et les modes de chasse des différents rapaces : le bas vol et le haut vol.

Le bas vol

Appelée aussi « autourserie », cette chasse se pratique le plus souvent avec des autours, des palombes, et parfois avec certains aigles dressés. Ces oiseaux chassent au ras du sol et attrapent la proie sur laquelle ils sont lancés. Les autours excellent sur le lièvre : véritables sprinters, ils se lancent à sa poursuite sur 200 ou 300 mètres ; toutefois, si par malchance ils ratent deux ou trois attaques, ils s'avouent généralement vaincus.

Contrairement aux faucons, les oiseaux de bas vol ne sont jamais capuchonnés.

Le haut vol

On l'appelle aussi fauconnerie. Les faucons les plus utilisés sont le pèlerin, le sacre, le gerfaut, le lanier. Une fois lancé par le chasseur, l'oiseau monte rapidement jusqu'à n'être qu'un point dans le ciel (plus un oiseau chasse en altitude, meilleur il est) et se place à la verticale du chasseur ou de son chien. Lorsque ce dernier fait partir le gibier, par exemple une perdrix, qui, effrayée par le rapace, était restée plaquée au sol, le faucon se laisse choir sur la perdrix dans un piqué étourdissant. S'il tombe 10 cm à côté, tout est à recommencer, car le rapace aura beaucoup de difficulté à rattraper sa proie. Au contraire, s'il réussit son piqué, il assomme plus ou moins sa victime dans sa chute et la « lie » dans ses serres avant de lui casser le crâne d'un coup de bec.

Il faut savoir

Les fauconniers, grâce à beaucoup d'efforts, réussissent à élever des faucons en captivité et à les faire chasser.

Le vocabulaire de la fauconnerie est aussi riche que celui de la vénerie. En voici quelques termes :

— Affaitage : dressage de l'oiseau à la chasse.

— Bloc : morceau de bois sur lequel on pose le faucon.

— Chaperon : casque en cuir que l'on place sur la tête du rapace pour le mettre dans le noir.

— Jets : lanières de cuir attachées aux pattes du faucon pour le retenir.

— Niais : se dit d'un faucon pris au nid.

— Tiercelet : nom donné au faucon mâle, d'un tiers plus petit que la femelle.

— Passager : faucon adulte pris au filet.

— Leurre : simulacre d'oiseau, réalisé en étoffe ou

en cuir, que le chasseur au vol fait tournoyer pour inciter le rapace à revenir sur son poing.

Le déterrage

Le déterrage est une forme de vénerie qui consiste à prendre dans un terrier, à l'aide de chiens chassant sous terre, un renard ou un blaireau. Il s'agit de faire reculer devant un chien l'animal de chasse jusqu'à un accul. A partir du moment où le gibier, localisé, est signalé par les aboiements du chien, il faut creuser une tranchée ou un trou juste derrière le chien afin de rattraper celui-ci, puis prendre l'animal avec des pinces pour éviter de le blesser. Si l'on creuse trop en avant, le gibier, effrayé, risque de bousculer le chien et de s'enfuir, et il faut alors tout recommencer. L'une des ruses principales du blaireau consiste à se contre-terrer : l'animal acculé continue à creuser afin de mettre un tas de terre entre lui et son poursuivant ; pour éviter cela, le chien doit pousser beaucoup le blaireau et ne lui laisser aucun répit.

En France cette chasse est organisée avec le concours de l'Association des déterreurs (installée au 19, rue Legendre, 75017 Paris). Son utilité est unanimement reconnue en ce qui concerne la lutte antirabique.

La plupart du temps, les déterreurs ne prennent pas les blaireaux pour les tuer, mais pour les envoyer dans des régions moins peuplées.

Un équipage de déterrage est composé de trois chiens au moins. Les plus utilisés en France sont le fox à poil lisse, le fox à poil dur et les teckels.

Pour entraîner les chiens à la chasse, on les fait travailler dans des terriers artificiels.

Pour localiser un chien qui chasse sous terre, le déterreur fait un trou avec une barre à mine et colle son

oreille sur le trou. Il distinguera alors parfaitement la voix du chien.

Les critères de jugement d'un bon chien de déterrage sont les suivants :

— entrée spontanée au terrier ;

— recherche rapide de l'animal de chasse et prise de contact ;

— remise à l'accul ;

— résistance aux attaques et tenue à l'accul ;

— voix et cadence : au terrier, le chien doit tenir le ferme assez près et résister aux charges du gibier, mais il doit éviter la lutte corps à corps.

La chasse aux filets

En principe, la chasse aux filets est interdite en France. Néanmoins, il existe un certain nombre de tolérances dans quelques départements où ce mode de chasse est traditionnel. Ainsi, lorsque les installations sont antérieures à 1944, cette pratique est autorisée. C'est le cas dans les Pyrénées, où l'on chasse la palombe (pigeon ramier) au filet vertical. Il reste quatorze palombières dans cette région.

La chasse aux filets consiste, à l'aide de palettes [1] lancées sous le vol de pigeons, à faire baisser suffisamment celui-ci pour que les oiseaux s'engouffrent dans les filets, hauts d'une dizaine de mètres et placés au sol. Le maniement d'un vol, très difficile, réclame une grande dextérité. C'est une chasse peu destructive, compte tenu du fait que le ramier se port particulièrement bien.

Dans les Landes, on utilise les filets horizontaux. Il s'agit, à l'aide d'appeaux vivants, de faire poser sur des arbres un vol de pigeons, puis de les faire

1. Les palettes lancées en vrille rappellent aux pigeons l'attaque de l'autour des palombes.

descendre sur une aire donnée sur laquelle viendra s'abattre le filet. Ce mode de chasse, lui aussi extrêmement difficile, est peu destructif et réclame beaucoup de connaissances et de patience.

Il existe bien d'autres chasses de ce genre dans les Ardennes (grives et vanneaux) et le Sud-Ouest (alouettes et ortolans), mais elles viennent d'être interdites, en application de la directive européenne sur la protection des oiseaux.

Bien évidemment, concernant la chasse aux filets, il existe de nombreuses réglementations, notamment à propos de la taille des mailles à utiliser, mais aussi de la dimension des filets...

Gérer un territoire de chasse

Pour disposer d'un bon territoire de chasse, la nature du sol influe beaucoup. Mais quel qu'il soit, ce territoire doit être entretenu, aménagé, surveillé, en un mot : géré.

AMÉNAGER

Chaque territoire a une certaine capacité d'accueil, qui varie essentiellement en fonction de la nourriture et des couverts qu'il procure au gibier.

En conséquence, il faut bien connaître les besoins en nourriture de chaque espèce de gibier et veiller à ce que chacune trouve cette nourriture sur le territoire. On sait par exemple que les jeunes perdreaux mangent des insectes, qu'ils trouveront plus facilement dans les herbes non traitées ; on doit donc prévoir des bandes d'herbes folles, favorables aux insectes et par là même aux petits perdreaux.

Certaines espèces, comme le faisan, exigent beaucoup d'eau, courante de préférence ; c'est pourquoi on entretiendra de nombreux points d'eau pour fixer ce gibier, qui sinon ne reste pas.

Ces mêmes espèces ayant besoin de tranquillité, il leur faut des abris et des couverts pour se protéger des intempéries, des prédateurs, et pour faire leurs petits. Si possible, conserver des friches, des haies, des bordures de chemin, des bandes-abris, des bosquets. Veiller également à la tranquillité du gibier au moment de la reproduction.

Enfin, créer des réserves pour assurer au gibier un abri en toutes saisons.

CONTRÔLER LES PRÉDATIONS

Après avoir pris toutes les précautions précédemment signalées, il reste encore à contrôler les prédateurs, qui occasionnent beaucoup de dégâts dans le cheptel gibier, et plus particulièrement chez les jeunes. Il serait peut-être plus logique de classer ces animaux sauvages dans les « gibiers » et de les limiter sans chercher à les détruire systématiquement.

Aujourd'hui, il faut distinguer entre « nuisibles » et « prédateurs » : les prédateurs sont tous carnivores, alors que certains nuisibles ne le sont pas.

Une liste de nuisibles est établie dans chaque département. Y sont généralement inscrits : les chats harets, tous les mustélidés (hermines, fouines, martres, putois, belettes), les corbeaux, les pies, les geais, mais aussi les renards. D'autres départements considèrent aussi comme nuisibles : blaireaux, lapins, sangliers, pigeons ramiers.

Ainsi, pour le territoire de chasse en question, il est surtout nécessaire de limiter les prédateurs.

Cependant, la législation française en la matière ne permettant pas de les dissocier des nuisibles en général, il convient de traiter de l'ensemble.

A ce sujet, la première question qui vient à l'esprit du chasseur est la suivante : qui peut limiter les nuisibles ?

Ce droit est réservé à certaines personnes : au propriétaire du terrain, au locataire de la chasse, au fermier et surtout aux gardes-chasse, qu'ils soient privés ou nationaux. Lorsque ces nuisibles occasionnent de gros dégâts, des « battues de destruction » peuvent être ordonnées par le préfet ou par le maire de la commune. Ces battues sont confiées à un lieutenant de louveterie.

LE LIEUTENANT DE LOUVETERIE

L'institution de la louveterie remonte à l'époque de Charlemagne. Les louvetiers avaient alors pour mission de détruire les loups. A l'heure actuelle, les loups ayant disparu, leur rôle consiste à limiter certains nuisibles, en organisant le plus souvent des battues ou des chasses.

La mission du lieutenant de louveterie est honorifique. Il doit cependant, pour chasser le sanglier ou le renard, tenir en haleine une meute de quatre chiens, qui peuvent aussi être des chiens de déterrage.

Un lieutenant de louveterie est commissionné pour trois ans par le préfet, après avis de la Fédération et de la Direction départementale de l'agriculture, sur une circonscription donnée. Dans cette circonscription, il organise des battues de destruction de nuisibles partout où on le lui demande et, lorsque le besoin s'en fait sentir, il constate également les infractions de chasse.

Pour devenir lieutenant de louveterie, il faut :

— être de nationalité française,

— jouir de ses droits civiques,

— être nommé par le préfet,

— résider dans le département concerné ou dans un canton limitrophe,

— être titulaire d'un permis de chasse depuis au moins cinq ans,

— entretenir une meute de quatre chiens courants ou de deux chiens de déterrage.

Les moyens et époques de destruction

Au sein de chaque département, des arrêtés fixent, au-delà de la période de chasse, les dates limites de destruction des nuisibles. Seuls les gardes assermentés ont le droit de détruire les nuisibles au fusil tout au long de l'année sur les territoires qu'ils surveillent. Sinon, les réglementations départementales prévoient pour la destruction au fusil :

— des autorisations préfectorales, préalables ou non ;

— certains jours de semaine, etc.

D'autres moyens sont employés pour le contrôle des prédateurs :

— les pièges : la meilleure période pour le piégeage se situe aux mois de janvier et février ;

— les poisons : leur emploi doit être entouré de précautions, car il s'agit souvent de produits extrêmement dangereux, comme la strychnine ;

— le gazage : utilisé pour les renards, ce mode de destruction est assez réprouvé, car non sélectif.

N. B. — Les gardes touchent des primes pour la destruction de certains nuisibles, dont la liste est affichée en mairie.

LIMITER LE TABLEAU

Pour prélever du gibier de façon intelligente, il faut connaître le cheptel, et notamment savoir le nombre de couples à conserver pour maintenir ou augmenter ce cheptel lors de la reproduction suivante. Pour cela, il est nécessaire de réaliser des comptages et, en fonction des pertes d'hiver, du braconnage, des destructions dues aux prédateurs, etc., d'établir un prélèvement. Ce qui constitue en fait un plan de chasse. Au sein des fédérations, les conseillers cynégétiques sont capables d'expliquer les différentes méthodes de comptage pour établir un tableau de prélèvement sur un territoire donné. Il ne s'agit en aucun cas d'un plan de chasse obligatoire, mais plutôt d'un conseil.

REPEUPLER

Si, malgré une importante somme d'efforts, le cheptel vient à diminuer d'une façon inquiétante, il faut en venir au repeuplement.

Il ne s'agit pas de lâcher du gibier de tir, mais d'essayer de réintroduire et de réadapter à la vie sauvage des animaux élevés en captivité, afin qu'ils réussissent à se reproduire. Bien entendu, toute tentative de repeuplement sera précédée d'une préparation du terrain ainsi que d'un contrôle strict des prédateurs.

La réussite de ces repeuplements dépend en outre des méthodes de lâcher. Il semble que les jeunes lâchés à la fin du printemps s'adaptent mieux que des adultes lâchés plus tardivement et mal habitués à combattre les rigueurs de l'hiver.

En règle générale, les lâchers doivent se faire en silence et dans le calme, avec le moins de spectateurs possible.

Le plan de chasse

L'année 1979 a vu le plan de chasse s'étendre à l'ensemble du territoire national ; il concerne le cerf, le chevreuil, le mouflon et le daim. Le chamois n'est pas assujetti au plan de chasse, mais le projet est en cours d'expérience et d'élaboration. Le sanglier, de par ses instincts de nomade, se place en dehors de cette mesure de généralisation.

Qu'est-ce que le plan de chasse ?

Obligatoire dans les régions où il a été instauré, il vise à maintenir le fameux équilibre « agro-sylvo-cynégétique ». Il consiste en fait à maintenir le cheptel grand gibier dans des normes acceptables pour l'agriculture et les plantations forestières.

Qui instaure le plan de chasse ?

C'est une décision légale prise pour chaque département concerné par arrêté du ministre chargé de la chasse, sur proposition du préfet, après que celui-ci a reçu l'avis du directeur départemental de l'agriculture et de la Fédération des chasseurs.

Comment le plan de chasse est-il établi ?

L'établissement du plan de chasse grand gibier est effectué par une commission départementale composée de deux représentants de la Fédération des chasseurs, de deux représentants des fédérations d'exploitants agricoles, d'un représentant chasse au gros gibier, d'un ou de deux représentants O.N.F. et du préfet ou de son représentant, qui peut être le directeur départemental de l'agriculture.

Se fondant sur des comptages et des estimations, cette commission décide du plan d'abattage du grand gibier et attribue les bracelets.

Le bracelet numéroté doit être posé à la patte arrière du gibier dès l'abattage de celui-ci et ne peut être réemployé par la suite. Pour obliger les chasseurs qui en bénéficient à acquitter leur plan de chasse et pour permettre l'indemnisation des dégâts causés par le gibier, les bracelets seront payés dans la limite des plafonds suivants [1] : cerfs et biches, 300 F ; daims et mouflons, 200 F ; chevreuils, 150 F.

Cette taxe n'est pas perçue dans les départements du Bas-Rhin, du Haut-Rhin et de la Moselle où une législation prévoit déjà l'indemnisation des dégâts causés par le gibier. Au début de chaque saison, le chasseur achète ses bracelets en fonction du plan de chasse attribué. S'il ne les a pas tous utilisés à la fin de la saison, ils ne lui sont pas remboursés.

N.B. – En 1979, les commissions départementales du plan de chasse et des dégâts de gibier ont été fondues en une seule commission, pour améliorer la gestion de la faune.

10 QUESTIONS SUR LES MODES DE CHASSE

I/Q. : En battue de gros gibier, quelle est la position adoptée par les chasseurs postés ?
R. : Ventre au bois.

II/Q. : Comment appelle-t-on également la chasse à l'approche et silencieuse ?
R. : Le « pirsche ».

III/Q. : Quel est le procédé utilisé par les chasseurs landais pour capturer des pigeons ramiers ?
R. : Le filet horizontal posé à terre et à l'intérieur duquel les Landais font poser les oiseaux avant de le laisser se refermer.

IV/Q. : Quel est le nombre minimum de chiens pour créer un équipage de déterrage ?
R. : Trois chiens qui peuvent être des terriers ou des teckels.

1. En 1982, le prix des bracelets était de 230 F pour un cerf, 115 F pour un daim, 80 F pour un mouflon et de 40 F pour un chevreuil.

V/Q. : En fauconnerie que signifie le mot « tiercelet » ?
R. : On appelle ainsi le mâle du faucon pélerin, de un tiers plus petit que la femelle.

VI/Q. : Quel est le nom donné au cahier des charges de l'Office national des forêts ?
R. : Le *Cahier des clauses générales.*

VII/Q. : Quelle est la condition essentielle pour pouvoir chasser sur le Domaine public maritime ?
R. : Faire partie d'une Société de chasse du Domaine public maritime.

VIII/Q. : Quel est le nom des formes en plastique ou en bois qui servent d'appelants pour la chasse du gibier d'eau ?
R. : Les « blettes ».

IX/Q. : Quand dit-on qu'un animal se forlonge ?
R. : Lorsque chassé à courre, il prend beaucoup d'avance sur la meute.

X/Q. : Le lieutenant de louveterie a-t-il le droit de dresser procès-verbal pour infraction de chasse ?
R. : Oui, mais dans sa circonscription.

A propos des appeaux.

Dans le Bas-Rhin, Haut-Rhin et Moselle, l'utilisation d'appeaux pour le brocard et le cerf sont autorisés.

6
LÉGISLATION

Le territoire de chasse. Périodes de chasse. Les espèces protégées. Les sanctions pour infractions.

Vous ne pouvez pas chasser partout et à n'importe quel moment. Il est interdit de chasser : sur les routes, les chemins publics, à moins de 100, 150 ou 200 mètres des habitations (la distance varie suivant les arrêtés municipaux et préfectoraux). Il n'est pas permis non plus de tirer, depuis sa propriété, sur le terrain d'autrui. Exemple : un faisan passe au-dessus du terrain d'un voisin, vous le tirez, et le volatile vient s'abattre chez vous. Êtes-vous dans votre droit ? Réponse : non. En revanche, il n'y a pas infraction de chasse lorsque l'on va achever un animal dans la propriété d'autrui à condition de ne pas tirer à nouveau, ou bien lorsque le gibier chassé aux chiens courants est sur ses fins. Interdiction de la chasse également sur les terres portant encore des récoltes et, bien entendu, dans les réserves.

Pour chasser sur les terrains autorisés, le chasseur doit être titulaire du droit de chasse ou être bénéficiaire d'une autorisation de chasser.

Droit de chasse et droit de chasser

Le propriétaire d'un bien foncier devient automatiquement titulaire du droit de chasse. Ce droit peut être transféré à un tiers par la signature d'un bail, comme nous le verrons plus loin.

Les A.I.C.A. peuvent regrouper des associations de chasseurs, sociétés ou amicales pour étendre les territoires de chasse. Les membres de ces sociétés ou amicales ont alors le droit de chasser sur l'ensemble des terrains de l'A.I.C.A. en respectant certaines règles.

D'autre part les membres des A.C.C.A. ont aussi le droit de chasser sur le territoire de leur commune. Certaines A.C.C.A. et A.I.C.A. laissent la possibilité à leurs adhérents de recevoir un invité.

Le droit de chasser peut être aussi accordé :
— à un invité du titulaire du droit de chasse ;
— aux preneurs de baux ruraux, fermiers ou métayers qui peuvent tirer sur les terrains qu'ils exploitent.

Enfin, l'État délivre des droits de chasser dans certaines de ses forêts ou sur certains de ses cours d'eau du domaine public sous forme de licences payantes, délivrées pour un an au maximum ou d'adjudications délivrées pour neuf ans.

LES BAUX DE CHASSE

En passant une convention, appelée bail de chasse, le propriétaire peut transférer son droit de chasse à des tiers pour une durée déterminée. Il peut renoncer du même coup à son propre droit de chasse. Notons que, sauf exceptions, les locations de droits de chasse sont soumises à un impôt proportionnel de 18 pour 100.

Les formes du bail de chasse

Le bail de chasse n'a pas à respecter de forme particulière. Il peut donc être verbal ou écrit, passé sous seing privé ou constaté par acte authentique.

Il doit être soumis à publicité foncière lorsque sa durée excède douze ans. En l'absence de toutes précisions, il est généralement conclu pour un an.

Le contenu du bail

Les points importants des baux de chasse concernent la détermination des terrains, la durée de la location et le prix retenu. Un certain nombre d'autres clauses sont souvent insérées, relatives au droit d'invitation que se réserve le propriétaire, aux clôtures et à l'exploitation agricole des terrains loués.

Les adjudications ou baux de chasse sur les terrains des collectivités publiques

Les forêts domaniales sont généralement louées par voie d'adjudication publique. La durée des locations s'élève à neuf ans, et le bailleur impose le respect d'un cahier des charges, le *Cahier des clauses générales.*

Les biens des communes font l'objet de baux de chasse, mais les formes et conditions de cette concession doivent être délibérées par les conseils municipaux. Ceux-ci décident également si un bail sera passé de gré à gré ou par adjudication.

Les cours d'eau domaniaux, les terrains militaires, les biens de la S.N.C.F. font généralement l'objet de baux de chasse de droit commun, sauf pour le domaine public fluvial, sur lequel la location de chasse prend souvent la forme d'une adjudication. Il faut souligner que si l'exercice du droit de chasse, qui appartient à l'État (exception faite de la S.N.C.F.), peut être attribué dans certaines conditions, il doit toutefois rester compatible avec l'utilisation normale du domaine.

LES ENCLOS

La chasse en enclos a subi de profondes modifications depuis le mois de juillet 1976.

Quelles sont les nouvelles dispositions ?

— Seul le gibier à poil peut être chassé toute l'année dans les enclos.

— La chasse du gibier à plume est interdite en dehors des dates légales d'ouverture et de fermeture. Cette mesure vise principalement à protéger le gibier de passage.

— Une dérogation pourrait être accordée pour le faisan, considéré comme un gibier d'élevage (cette disposition requiert un décret du conseil d'Etat).
— Le permis de chasser est obligatoire pour la chasse en enclos, sous peine de sanctions.
— La loi du 10 juillet 1976 n'est pas réellement efficace dans la mesure où les agents chargés de la police de la chasse ne peuvent pénétrer dans les enclos pour vérification que s'ils sont munis d'une commission rogatoire (qui correspond à un ordre de perquisition).
— Cette loi a modifié l'article 366 du Code rural.

LES RÉSERVES DE CHASSE

Dans le double but de ménager aux migrateurs des escales protégées au cours de leurs périples et d'offrir au gibier sédentaire des portions de territoire qui lui serviraient de refuges pour la reproduction, un certain nombre de réserves ont été constituées. Le principe de la réserve est d'interdire tout acte de chasse à l'intérieur des périmètres définis. Il faut distinguer plusieurs types de réserves.

La réserve simple

Elle peut être constituée sans formalités par un particulier ou une société détenant un droit de chasse. Il faut toutefois noter que depuis peu la jurisprudence autorise la société à poursuivre et à faire condamner les sociétaires chassant sans autorisation sur des terrains mis en réserve par elle-même.

Les réserves agréées

Il est fait obligation aux A.C.C.A. de constituer une ou plusieurs réserves de chasse. La superficie de celles-ci ne saurait être inférieure au dixième de la superficie totale des territoires de l'association. Les réserves des A.C.C.A. sont « agréées » par le ministre chargé de la chasse et doivent correspondre à certaines normes.

Le choix des zones mises en réserve doit tenir compte des espèces de gibier à protéger et être établi de manière à assurer le respect des propriétés, récoltes et plantations diverses. Enfin, la réserve est constituée pour au moins six années.

La création des réserves dans le cadre des A.C.C.A. redonne donc un souffle nouveau aux anciennes réserves communales qui n'avaient pas eu de nombreux exemples d'application. La chasse dans ces réserves constitue une infraction spéciale.

Les réserves approuvées

Elles peuvent être créées par le détenteur d'un droit de chasse ou une société communale. Un dossier est soumis au contrôle de la direction départementale de l'agriculture et de la fédération départementale des chasseurs, et c'est le ministre qui l'approuve, si toutes les normes sont respectées. Ces réserves sont soumises à la surveillance des gardes nationaux.

Les réserves naturelles

La loi du 10 juillet 1976 sur la protection de la nature autorise le classement en réserves naturelles de périmètres où la conservation du milieu naturel présente un intérêt particulier. Ce classement peut s'effectuer éventuellement contre l'avis des propriétaires. Toutefois, ne visant pas spécialement la conservation de la faune, la constitution de ces réserves naturelles n'entraîne pas obligatoirement l'interdiction de la chasse dans les zones concernées. Chaque réserve naturelle fait l'objet de dispositions particulières.

Les réserves nationales de chasse

Ces réserves, administrées par un comité directeur comprenant des scientifiques, sont créées par décret du ministre chargé de la chasse à l'initiative de l'Office national de la chasse ou de l'Office national des forêts. Elles sont particulièrement intéressantes par le nombre des espèces qui y sont protégées (exemple : golfe du Morbihan pour la protection des bernaches cravant) et par la superficie interdite à la chasse. Elles constituent des zones de protection et de développement de la faune sauvage et permettent de poursuivre un grand nombre de recherches scientifiques.

LES PÉRIODES DE CHASSE

L'exercice de la chasse n'est autorisé que pendant certaines périodes de l'année, certains jours déterminés et certaines heures de la journée.

Cependant, la durée de la chasse peut être modifiée par certains facteurs, telles les calamités naturelles, généralement liées au climat, ou la raréfaction de certaines espèces.

Le ministre chargé de la chasse fixe chaque année les périodes d'ouverture par département, sur proposition des présidents des fédérations départementales de chasseurs. (Dans certains départements de l'Est — Haut-Rhin, Bas-Rhin et Moselle —, ces dates sont fixées par les préfets.) Avant l'ouverture, les arrêtés ministériels sont affichés sur les panneaux d'annonces légales des mairies.

OUVERTURE ET FERMETURE

Le gibier d'eau

La chasse au gibier d'eau s'exerce sur le domaine public maritime et à l'intérieur des terres, sur les fleuves, rivières, étangs, lacs et marais non asséchés. L'ouverture a généralement lieu à la mi-juillet, mais quelques départements ferment la chasse de fin juillet à l'ouverture générale.

Cette mesure permet de chasser le gibier d'eau qui niche chez nous avant sa migration, le gibier d'eau stationné au nord de l'Europe ne passant qu'avec les premiers froids.

L'ouverture générale

Elle intervient en principe au début de septembre pour les départements du sud de la France et le deuxième ou le troisième dimanche du même mois pour le reste du pays. Il faut noter que l'on s'achemine vraisemblablement vers une ouverture par espèce gibier. D'ores et déjà, l'ouverture du lièvre est retardée au mois d'octobre dans de nombreuses fédérations pour des raisons biologiques. Dans plusieurs départements soumis au plan de chasse, le chevreuil coiffé se tire à l'approche au moment du rut.

Une A.C.C.A. peut retarder l'ouverture générale ou devancer la fermeture sur son territoire.

La fermeture générale

Elle a lieu au tout début du mois de janvier, mais après cette date on peut encore pratiquer :
— la chasse du gibier d'eau jusqu'à la mi-mars, exception faite du col-vert, qui ferme à la mi-février ;
— la chasse de quelques gibiers nuisibles (lapins, sangliers) grâce à des prolongations accordées par le préfet ;
— la chasse de certains gibiers de passage (bécasses, grives) suivant des conditions très restreintes ;
— la chasse à courre, qui se termine à la fin mars.

LES JOURS DE CHASSE

De nombreuses fédérations départementales de chasseurs interdisent l'exercice de la chasse un jour ou deux par semaine (exception faite de la chasse des oiseaux migrateurs), tandis que le règlement des sociétés de chasse, A.C.C.A. et A.I.C.A., ne l'autorise en principe qu'un ou deux jours par semaine.

CONSULTEZ L'ARRÊTÉ RÉGLEMENTAIRE

Chaque chasseur à la veille de l'ouverture d'une saison doit consulter les arrêtés départementaux concernant la police de la chasse affichés en mairie. Ces arrêtés déterminent entre autres les autorisations d'utilisation d'appelants, réglementant la chasse des oiseaux de passage, etc.

LES HEURES DE CHASSE

Dans chaque département, la chasse est généralement permise à partir de 8 heures et jusqu'à 18 heures.

La chasse de nuit est théoriquement interdite. Les tribunaux considèrent qu'il fait nuit lorsque l'on ne peut plus discerner les objets. Plus précisément, on admet que la nuit tombe une heure après l'heure légale du coucher du soleil. (C'est le moment où l'on peut chasser le gibier d'eau à la passée.)

Toutefois, il est autorisé de chasser de nuit au gabion et à la hutte, ainsi que de tirer, le gibier d'eau.

LES RESTRICTIONS A LA DURÉE DE LA CHASSE

Dans certains cas et à la demande des fédérations, le préfet d'un département peut intervenir pour suspendre l'exercice de la chasse à la suite de calamités telles que inondations, gel ou neige. Dans ces conditions, le préfet peut également décider, pour mieux protégèr les espèces, de retarder l'ouverture ou d'avancer la fermeture pour une durée de dix jours renouvelables.

Dans la plupart des régions il est interdit de chasser par temps de neige, c'est-à-dire lorsqu'elle recouvre suffisamment le sol pour qu'il soit facile de suivre les traces du gibier. Cependant, dans quelques départements, la neige n'interdit pas de chasser les nuisibles ainsi que certains grands animaux soumis au plan de chasse.

LISTE DES ESPÈCES PROTÉGÉES

En ce qui concerne la liste des espèces protégées, où les oiseaux et les mammifères sont séparés, trois catégories de mesures ont été retenues en fonction des groupes d'espèces et des menaces qui pèsent sur chacune.

— *Pour les espèces rares ou en voie d'extinction.* Il est prévu une protection intégrale. C'est le cas de l'ours, du lynx, de l'écureuil, du castor, du bouquetin, de certains reptiles et batraciens peu courants, d'oiseaux, comme les cigognes et les flamants roses, les rapaces, les macareux ou les pétrels.

— *Pour les espèces en simple diminution.* La destruction reste possible, mais elle ne doit être envisagée qu'en cas de nécessité, et de toute façon jamais dans le but d'en commercialiser les produits. C'est le cas, en particulier, de quelques mammifères comme la fouine.

— *Pour certaines espèces moins menacées,* et en particulier des espèces de gibiers migrateurs, il a été prévu une interdiction de commercialisation.

Liste des oiseaux protégés sur l'ensemble du territoire

Art. 1er. – Sont interdits sur tout le territoire national et en tout temps, dans les conditions déterminées par le décret du 25 novembre 1977 susvisé, la destruction ou l'enlèvement des œufs et des nids, la mutilation, la capture ou l'enlèvement, la naturalisation des oiseaux d'espèces non domestiques suivantes ou, qu'ils soient vivants ou morts, leur transport, leur colportage, leur utilisation, leur mise en vente, leur vente ou leur achat :

GAVIIFORMES

Gaviidés :

Toutes les espèces de plongeons (*Gavia sp*).

Podicipédidés :

Toutes les espèces de grèbes (*Podiceps sp*).

PROCELLARIIFORMES

Procellariidés :

Toutes les espèces de puffins (*Puffinus sp*).

Fulmar (*Fulmarus glacialis*).

Hydrobatidés :

Toutes les espèces de pétrels (*Hydrobatidae sp*).

PÉLÉCANIFORMES

Sulidés :

Fou de Bassan (*Sula bassana*).

Phalacrocoracidés :

Toutes les espèces de cormorans (*Phalacrocorax sp*).

CICONIIFORMES

Ardéidés :

Toutes les espèces de hérons, butors, aigrettes, blongios (*Ardeidae sp*).

Ciconiidés :

Cigogne blanche (*Ciconia ciconia*).

Cigogne noire (*Ciconia nigra*).

Threskiornithidés :

Ibis falcinelle (*Plegadis falcinellus*).

Quelques exemples d'animaux protégés

Buse

Chouette Hulotte

Pic Epeiche

Grand Tétras · Femelle

Goéland

Tadorne

Bernache Cravant

Macareux

Grue Cendrée

Avocette

Héron Cendré

Loutre

Spatule blanche (*Platalea leucorodia*).
Phœnicoptéridés :
Flamant rose (*Phoenicopterus ruber*).

ANSÉRIFORMES
Anatidés :
Cygnes (*Cygnus sp*).
Oies des neiges (*Anser caerulescens*).
Bernaches (*Branta sp*).
Tadornes (*Tadorna sp*).
Fuligule nyroca (*Aythia nyroca*).
Harles (*Mergus sp*).
Erismature à tête blanche (*Oxyura leucocephala*).

FALCONIFORMES
Accipitridés, Falconidés, Pandionidés, Vulturidés :
Toutes les espèces de rapaces diurnes.

GRUIFORMES
Gruidés :
Grue cendrée (*Grus grus*).
Rallidés :
Marouettes (*Porzana sp*).
Râle des genêts (*Crex crex*).
Otididés :
Toutes les espèces d'outardes (*Otis sp*).

CHARADRIIFORMES
Scolopacidés :
Chevalier guignette (*Tringa hypoleucos*).
Tous les bécasseaux, à l'exception du bécasseau maubèche (*Calidris sp* [à l'exception de *Calidris canutus*]).
Récurvirostridés :
Echasse blanche (*Himantopus himantopus*).
Avocette (*Recurvirostra avosetta*).
Burhinidés :
Œdicnème criard (*Burhinus oedicnemus*).
Glaréolidés :
Toutes les espèces de glaréoles (*Glareola sp*).
Courvite (*Cursorius cursor*).

LARIFORMES
Stercorariidés :
Toutes les espèces de labbes (*Stercorarius sp*).
Laridés :
Toutes les espèces de goélands à l'exception du goéland argenté (*Larus argentatus*).
Toutes les espèces de mouettes à l'exception de la mouette rieuse (*Larus ridibundus*).
Sternidés :
Toutes les espèces de sternes et guifettes (*Sternidae sp*).

ALCIFORMES
Alcidés :
Petit pingouin (*Alca torda*).
Toutes les espèces de guillemots (*Uria sp*).
Mergule nain (*Plautus alle*).
Macareux moine (*Fratercula arctica*).

COLUMBIFORMES
Ptéroclididés :
Ganga cata (*Pterocles alchata*).

CUCULIFORMES
Cuculidés :
Toutes les espèces de coucous (*Cuculidae sp*).

STRIGIFORMES
Strigidés :
Toutes les espèces de rapaces nocturnes (*Strigidae sp*).

CAPRIMULGIFORMES
Caprimulgidés :
Toutes les espèces d'engoulevents (*Caprimulgus sp*).

APODIFORMES

Apodidés :

Toutes les espèces de martinets (*Apus sp*).

CORACIIFORMES

Alcédinidés :

Martin pêcheur (*Alcedo atthis*).

Méropidés :

Guêpier d'Europe (*Merops apiaster*).

Coraciidés :

Rollier d'Europe (*Coracias garrulus*).

Upupidés :

Huppe fasciée (*Upupa epops*).

PICIFORMES

Picidés :

Toutes les espèces de pics (*Picidae sp*).

Torcol fourmilier (*Jynx torquilla*).

PASSÉRIFORMES

Alaudidés :

Alouette calandrelle (*Calandrella brachydactyla*).

Alouette calandre (*Melanocorypha calandra*).

Cochevis huppé (*Galerida cristata*).

Alouette lulu (*Lullula arborea*).

Alouette hausse-col (*Eremophila alpestris*).

Hirundinidés :

Toutes les espèces d'hirondelles (*Hirundinidae sp*).

Motacillidés :

Toutes les espèces de pipits (*Anthus sp*).

Toutes les espèces de bergeronnettes (*Motacilla sp*).

Laniidés :

Toutes les espèces de pies-grièches (*Lanius sp*).

Bombycillidés :

Jaseur boréal (*Bombycilla garrulus*).

Cinclidés :

Cincle plongeur (*Cinclus cinclus*).

Troglodytidés :

Troglodyte mignon (*Troglodytes troglodytes*).

Prunellidés :

Toutes les espèces d'accenteurs (*Prunella sp*).

Turdidés :

Toutes les espèces de traquets (*Saxicola sp et Oenanthe sp*).

Merle de roche (*Monticola saxatilis*).

Merle bleu (*Monticola solitarius*).

Rouges-queues (*Phoenicurus sp*).

Rouge-gorge (*Erithacus rubecula*).

Rossignol philomèle (*Luscinia megarhynchos*).

Gorge-bleue (*Luscinia svecica*).

Merle à plastron (*Turdus torquatus*).

Sylviidés :

Toutes les espèces de fauvettes (*Sylvia sp*).

Toutes les espèces de pouillots (*Phylloscopus sp*).

Toutes les espèces d'hippolaïs (*Hippolais sp*).

Toutes les espèces de rousserolles et phragmites *(Lusciniola sp, Acrocephalus sp, Cettia sp).*

Toutes les espèces de locustelles (*Locustella sp*).

Cisticole des joncs (*Cisticola juncidis*).

Régulidés :

Roitelets (*Regulus sp*).

Muscicapidés :

Gobe-mouches (*Muscicapa sp*).

Timaliidés :

Mésange à moustaches (*Panurus biarmicus).*

Paridés :

Toutes les espèces de mésanges (*Paridae sp*).

Sittidés :

Toutes les espèces de sittelles (*Sitta sp*).

Tichodrome (*Tichodroma muraria*).

Certhiidés :

Toutes les espèces de grimpereaux (*Certhia sp*).

Fringillidés :

Toutes les espèces de becs-croisés (*Loxia sp*).

Gros-bec (*Coccothraustes coccothraustes*).

Verdier (*Chloris chloris*).

Toutes les espèces de pinsons (*Fringilla sp*).

Tarin (*Carduelis spinus*).

Chardonneret (*Carduelis carduelis*).

Toutes les espèces de linottes et de sizerins (*Acanthis sp*).

Serin cini (*Serinus serinus*).

Venturon montagnard (*Serinus citrinella*).

Bouvreuil (*Pyrrhula pyrrhula*).

Bruant proyer (*Emberiza calandra*).

Bruant jaune (*Emberiza citrinella*).

Bruant fou (*Emberiza cia*).

Bruant zizi (*Emberiza cirlus*).

Plocéidés :

Moineau friquet (*Passer montanus*).

Moineau soulcie (*Petronia petronia*).

Niverolle (*Montifringilla nivalis*).

Oriolidés :

Loriot jaune (*Oriolus oriolus*).

Corvidés :

Casse-noix (*Nucifraga caryocatactes*).

Crave à bec rouge (*Pyrrhocorax pyrrhocorax*).

Chocard à bec jaune (*Pyrrhocorax graculus*).

Grand corbeau (*Corvus corax*).

Art. 2. – Sont interdits, dans les conditions déterminées par le decret du 25 novembre 1977 susvisé, la mutilation, la naturalisation des oiseaux d'espèces non domestiques suivantes ou, qu'ils soient vivants ou morts, leur transport, leur colportage, leur utilisation, leur mise en vente, leur vente ou leur achat :

LARIFORMES

Laridés :

Goéland argenté (*Larus argentatus*). Mouette rieuse (*Larus ridibundus*).

Art. 3. – Sont interdits, dans les conditions déterminées par le décret du 25 novembre 1977 susvisé, le colportage, la mise en vente, la vente ou l'achat, qu'ils soient vivants ou morts, des oiseaux d'espèces non domestiques suivantes :

ANSÉRIFORMES

Anatidés :

Oie des moissons (*Anser fabalis*).

Oie à bec court (*Anser brachyrhynchus*).

Oie rieuse (*Anser albifrons*).

Oie naine (*Anser erythropus*).

Oie cendrée (*Anser anser*).

Canard souchet (*Anas clypeata*).

Canard pilet (*Anas acuta*).

Canard chipeau (*Anas strepera*).

Canard siffleur (*Anas penelope*).

Sarcelle d'hiver (*Anas crecca*).

Sarcelle d'été (*Anas querquedula*).

Filigule milouin (*Aythia ferina*).

Fuligule milouinan (*Aythia marila*).

Fuligule morillon (*Aythia fuligula*).

Nette rousse (*Netta rufina*).

GRUIFORMES

Rallidés :

Râle d'eau (*Rallus aquaticus*).

CHARADRIIFORMES

Scolopacidés :

Bécasse des bois (*Scolopax rusticola*).
Bécasseau maubèche (*Calidris canutus*).
Chevalier arlequin (*Tringa erythropus*).
Chevalier gambette (*Tringa totanus*).
Toutes les espèces de bécassines.
Toutes les espèces de courlis (*Numenius sp*).
Toutes les espèces de barges (*Limosa sp*).
Tourne-pierre à collier (*Arenaria interpres*).

Charadriidés :

Toutes les espèces de pluviers et de gravelots (*Charadrius sp*).
Vanneau huppé (*Vanellus vanellus*).

COLUMBIFORMES

Columbidés :

Tourterelle des bois (*Streptopelia turtur*).

PASSÉRIFORMES

Embérizidés :

Bruant ortolan (*Emberiza hortulana*).

Art. 4. – Pour assurer le maintien des équilibres biologiques, le ministre chargé de la protection de la nature fixera, en cas de nécessité et après consultation du conseil national de la protection de la nature, les modalités de destruction des espèces visées à l'article 2 du présent arrêté ainsi que des espèces non classées gibier et non visées à l'article 1er du présent arrêté.

Dans les mêmes conditions, le ministre chargé de la protection de la nature pourra faire procéder à la destruction ou à l'enlèvement des œufs et des nids de ces espèces.

Liste des mammifères protégés sur l'ensemble du territoire

Art. 1er. – Sont interdits sur tout le territoire national et en tout temps dans les conditions déterminées par le décret du 25 novembre 1977 susvisé la destruction, la mutilation, la capture ou l'enlèvement, la naturalisation des mammifères d'espèces non domestiques suivantes ou, qu'ils soient vivants ou morts, leur transport, leur colportage, leur utilisation, leur mise en vente, leur vente ou leur achat :

CHIROPTÈRES

Toutes les espèces de chauves-souris (*Chiroptera sp*).

INSECTIVORES

Talpidés :

Desman des Pyrénées (*Galemys pyrenaicus*).

Erinacéidés :

Hérisson d'Europe (*Erinaceus europaeus*).
Hérisson d'Algérie (*Erinaceus algirus*).

Soricidés :

Musaraigne aquatique (*Neomys fodiens*).

RONGEURS

Sciuridés :

Ecureuil (*Sciurus vulgaris*).

Castoridés :

Castor (*Castor fiber*).

CARNIVORES

Viverridés :

Genette (*Genetta genetta*).

Mustélidés :

Vison *(Mustella lutreola).*

Ursidés :

Ours (*Ursus arctos*).

Félidés :

Chat sauvage (*Felis sylvestris*).

Lynx d'Europe (*Felis* [*Lynx*] *lynx*).

Mustélidés :

Loutre (*Lutra lutra*).

ONGULÉS

Bovidés :

Bouquetin (*Capra ibex*).

Art. 2. – Sont interdits, dans les conditions déterminées par le décret du 25 novembre 1977 susvisé, la mutilation, la naturalisation des mammifères d'espèces non domestiques suivantes ou, qu'ils soient vivants ou morts, le transport, le colportage, l'utilisation, la mise en vente, la vente ou l'achat des spécimens détruits, capturés ou enlevés sur tout le territoire national :

CARNIVORES

Mustélidés :

Martre *(Martes martes).*

Belette *(Mustella nivalis).*

Hermine *(Mustella erminea).*

Putois *(Mustella putorius).*

LISTE DES ESPÈCES CHASSABLES

Art. 1er. — La liste des espèces de gibier que l'on peut chasser est fixée comme suit sur le territoire européen de la France et en zone maritime :

Oiseaux

Alouette des champs, barges, bécasse, bécasseau maubèche, bécassines, caille des blés, canard chipeau, canard colvert, canard pilet, canard siffleur, canard souchet, chevaliers, *sauf le chevalier guignette,* choucas des tours, colins, corbeau freux, corneilles, courlis, eider à duvet, étourneau sansonnet, faisans de chasse, fouine (par décret ministériel de 1985, la fouine peut, à nouveau, être naturalisée), foulque macroule, fuligules, *sauf le fuligule nyroca,* garrot à l'œil d'or, geai des chênes, gelinotte des bois, gravelots, grives, harelde de Miquelon, huîtrier pie, lagopède alpin, macreuses, merle noir, nette rousse, oie cendrée, oie des moissons, oie rieuse, oie à bec court, perdrix bartavelle, perdrix grise, perdrix rouge, pie bavarde, pigeon biset, pigeon colombin, pigeon ramier, pluviers, poule d'eau, râle d'eau, sarcelles, tétras-lyre (coq maillé), tétras urogalle (coq maillé), tourne-pierre, tourterelles et vanneau huppé.

Mammifères

Blaireau, cerf élaphe, cerf sika, chamois, chevreuil, daim, isard, lapin de garenne, lièvre brun, lièvre variable, marmotte, mouflon, renard et sanglier. Dans chaque département les espèces de gibier mentionnées ci-dessus ne peuvent être chassées que pendant le temps où la chasse de ces espèces est permise et dans les conditions fixées par les arrêtés d'ouverture et de clôture de la chasse.

Art. 2. – En vue de la régulation de populations, peut être en outre autorisé, dans les conditions prévues dans les arrêtés permanents départementaux sur la police de la chasse, le tir des espèces suivantes :
Blaireau, renard, sanglier, chat haret, belette, fouine, hermine, martre, putois, lapin de garenne, ragondin et rat musqué.
Corbeaux freux, corneille noire, choucas des tours, pie bavarde, pigeon ramier et étourneau sansonnet.

> Pour 1980, la grande innovation en matière de chasse a consisté en la publication de listes d'espèces de gibier et d'espèces protégées qui viennent en application de la loi du 10 juillet 1976 sur la protection de la nature.
>
> En principe, la liste des espèces gibier ne laisse plus apparaître d'équivoque ; le chasseur sait désormais ce qu'il peut chasser.
>
> La liste des espèces protégées a suscité de nombreuses réactions qui ont mis au jour de nombreux défauts. Annulée une fois par le conseil d'État, la liste a été reprise dans son intégralité. Un second recours vient donc d'être déposé devant le conseil d'État. Sur cette affaire vient se greffer l'application de la directive de Bruxelles qui remet en cause la protection ou l'autorisation de la chasse de plusieurs espèces. À l'heure actuelle, les listes émanant de la loi de 1976 restent en vigueur, mais elles seront sans doute profondément modifiées.

ATTENTION ! L'action de chasse se déroule rapidement, quelquefois d'une façon instinctive. Néanmoins, il faut impérativement avoir reconnu l'animal mis en joue avant d'appuyer sur la détente.

Distinguer les espèces protégées

Chaque espèce présente des traits caractérisques, aussi bien dans ses attitudes au posé ou en vol.

— *Les rapaces* ont un vol battu, un peu malhabile, ou alors restent presque totalement immobiles quand ils planent.

— ***Les pics*** ont un vol très caractéristique : ils battent des ailes pour monter et les ferment pour descendre, à intervalles très brefs.

— ***Les petits oiseaux,*** ou plutôt les quelques espèces qu'il est encore permis de chasser (telle l'alouette des champs) se prennent au filet, mais cette chasse sera bientôt prohibée. Mis à part l'étourneau et l'alouette, très reconnaissable lorsqu'elle monte à la verticale en chantant, il est difficile de distinguer les petits oiseaux chassables. Il vaut donc mieux s'abstenir.

— ***Les palmipèdes.*** Toutes les mouettes et les espèces qui s'en approchent sont protégées. Les tadornes gros canards, qui portent un tubercule rouge sur le bec et nichent dans des terriers de lapins, sont protégés, ainsi que les harles, reconnaissables à leur bec étroit ; les grèbes, que l'on trouve en quantité sur les étangs, lacs et marais de l'intérieur ; les cormorans et autres oiseaux marins, pingouins, macareux.

— ***Les échassiers.*** Ce terme ne s'applique pas à une famille ornithologique bien définie. Le seul oiseau considéré comme échassier et chassable est le courlis cendré. Les hérons, grues, cigognes, etc., sont tous protégés.

— ***Les corvidés.*** Mis à part le freux et la corneille noire, parfois trop abondants, les autres espèces sont rares et se confinent en des lieux rocheux ou montagneux : grand corbeau, crave, chocard, qui sont intégralement protégés.

— ***L'outarde canepetière,*** que l'on voit encore à l'ouverture dans certains coins de la Beauce et même de la Brie, est devenue rare.

Enfin, d'autres oiseaux sont soumis à une protection intégrale : coucous, loriots, huppes... mais aussi les poules des petits et grands tétras, le tir des coqs étant permis dans certains départements (le grand coq dans les Pyrénées, le petit coq dans les Alpes).

IL FAUT SAVOIR. Des mesures ont été prises au niveau départemental pour protéger certaines espèces devenues rares. Avant d'aller chasser, renseignez-vous en mairie, où vous consulterez les arrêtés concernant la chasse du département qui vous intéresse.

— *Les mammifères.* Il n'existe en France que quelques espèces totalement protégées, dont l'une a complètement disparu dans notre pays : le lynx.

En ce qui concerne les autres espèces, pas moyen de se tromper : les ours, qui ne dépassent pas le nombre d'une vingtaine, sont confinés dans les Pyrénées, le bouquetin ne dépasse pas les limites du parc national de la Vanoise...

LA VENTE DU GIBIER

La vente du gibier en France est très réglementée. Si la chasse était lucrative, elle deviendrait rapidement impossible.

La vente du gibier mort n'est autorisée dans un département que lorsque la chasse de ce gibier est ouverte.

Dans de nombreux départements la vente de certaines espèces comme le lièvre ou le perdreau est interdite par le préfet pendant le mois suivant l'ouverture pour mieux protéger les espèces et dissuader les chasseurs de faire de trop gros tableaux.

Sont interdits à la vente et sous toutes les formes : le gibier de montagne (il y a des dérogations en ce qui concerne le chamois), presque toutes les espèces d'oiseaux migrateurs, sauf le col-vert, le pigeon ramier, les perdrix grises, rouges et de barbarie. Désormais, les pâtés de grives, d'alouettes, etc. sont interdits à la vente.

ATTENTION ! Pour circuler avec un quartier de viande d'un grand gibier abattu dans le cadre d'un plan de chasse légal, il faut être muni d'une attestation provenant d'un carnet à souches appartenant au président ou au propriétaire de la chasse.

LES SANCTIONS APPLICABLES AUX INFRACTIONS DE CHASSE

Si le chasseur ne respecte ni les lois ni la réglementation en matière de chasse, il commet une infraction sanctionnable, même s'il affirme son ignorance et sa bonne foi.

Le chasseur qui ne porte pas son permis sur lui en action de chasse est passible d'une amende de 3 à 40 F.

Voici quelques autres exemples de sanctions encourues par un chasseur peu soucieux de la législation en matière de chasse.

Sont passibles d'une amende de 600 à 1 000 F :

— la chasse sans permis de chasser ;
— la chasse sur autrui ;
— La destruction ou l'enlèvement sans droits des œufs, couvées ou portées d'espèces non classées nuisibles ;
— la divagation des chiens ;
— les infractions à l'arrêté réglementaire permanent sur la police de la chasse du département.

Sont passibles d'une amende de 1 000 à 2 000 F et d'un emprisonnement de six jours à deux mois :

— la chasse au-delà des périodes d'ouverture ;
— la chasse dans une réserve approuvée ;
— la chasse de nuit ;
— la chasse à l'aide d'engins prohibés ;
— la chasse du grand gibier sans respect du plan de chasse ;
— le transport sans autorisation de gibier vivant en temps de fermeture.

Les exemples donnés ci-dessus ne sont pas limitatifs, il existe d'autres infractions et sanctions. La loi sur la protection de la nature prévoit également dans son chapitre consacré au chasseur et au gibier des amendes de 2 000 à 40 000 F pour ceux qui auront détruit des animaux appartenant à des espèces d'« un intérêt scientifique particulier », ou chassé dans des réserves naturelles.

Lorsqu'il y a acte de braconnage en voiture, la sanction peut aller jusqu'à une suspension du permis de conduire, parfois pendant trois ans, et à une confiscation du véhicule.

Pour acte de chasse sur autrui le tribunal peut prononcer une suspension du permis de chasser pendant un à cinq ans.

Qui peut verbaliser ?

Maires et adjoints — Commissaires de police — Gendarmes — Lieutenants de louveterie (dans leur circonscription) — Gardes nationaux — Gardes-pêche — Gardes particuliers assermentés — Ingénieurs et agents techniques de l'Office national des forêts — Gardes champêtres.

RESTRICTIONS A LA PRATIQUE DE LA CHASSE A TIR

Il est interdit :

— de tirer un gibier à plus de 300 mètres ;
— de tirer depuis une voiture ou tout autre engin motorisé ;
— d'utiliser une source lumineuse pour éblouir et capturer le gibier ;
— de chasser avec des lévriers ;
— de tirer la perdrix ou le faisan à l'affût ;
— d'utiliser la chevrotine ;
— d'introduire plus de trois cartouches dans un fusil automatique ;
— d'introduire plus de trois cartouches à balles dans le magasin d'une carabine.

Il ne s'agit pas là d'une liste limitative...

10 QUESTIONS SUR LES CONDITIONS D'EXERCICE DE LA CHASSE

I/Q. : A quelle distance des habitations l'exercice de la chasse est-il permis ?
R. : A 100, 150 ou 200 mètres des maisons, selon les arrêtés préfectoraux et municipaux.

II/Q. : Y a-t-il acte de chasse chez autrui si on va y ramasser un gibier mortellement blessé ?
R. : Non, à moins que l'on ne tire à nouveau le gibier pour se l'approprier.

III/Q. : Les fermiers ou métayers ont-ils le droit de chasse ?
R. : Non, ils ont le droit de chasser.

IV/Q. : Qu'est-il possible de chasser dans les enclos toute l'année ?
R. : Le gibier à poil. Il y aura peut-être bientôt une dérogation pour le faisan d'élevage.

V/Q. : Combien distingue-t-on en France de catégories d'animaux sauvages ?
R. : Trois : les espèces chassables, les espèces nuisibles et les espèces protégées.

VI/Q. : Dans un département soumis au plan de chasse, peut-on circuler avec un quartier de viande de gibier ?
R. : Oui, à condition d'être porteur d'un bon provenant d'un carnet à souches appartenant au détenteur du droit de chasse.

VII/Q. : Citez cinq mammifères protégés.
R. : Bouquetin, ours, castor, cerf de Corse, loutre.

VIII/Q. : En quelles conditions le préfet peut-il suspendre la chasse ?
R. : En cas de calamités telles que gel, inondations, neige.

IX/Q. : Citez deux infractions sanctionnables d'une amende de 600 à 1 000 F.
R. : Chasse sans permis, chasse sur autrui.

X/Q. : Qu'est-ce qu'une réserve approuvée ?
R. : C'est une réserve constituée selon certaines normes et approuvée par le ministre chargé de la chasse.

Départements Haut-Rhin, Bas-Rhin, Moselle

Le droit de chasse est administré par la commune, il faut pour conserver son droit de chasse que le propriétaire possède 25 hectares d'un seul tenant ou 5 hectares d'étangs. Cependant, souvent il doit payer la valeur de ce droit de chasse à la commune. En ce qui concerne les autres parcelles, elles sont réunies en lots de 200 hectares mis en location par la commune.

7
LES CHIENS

Les différents groupes. L'inscription. Soins. Dressage. Le matériel.

Un chasseur digne de ce nom doit connaître les diverses races de chiens qui lui seront utiles pour chasser le perdreau ou débusquer cerf et lièvre.

Voici les différents types de chiens de chasse et leur classification.

En cynologie les races sont classées par groupes, les chiens de chasse occupant 7 groupes sur les 10 existants.

Le 3e groupe comprend tous les terriers.

Le 4e groupe comprend tous les teckels.

Le 5e groupe comprend tous les grands chiens courants.

Le 6e groupe comprend tous les petits chiens courants.

Le 7e groupe comprend tous les chiens d'arrêt continentaux.

Le 8e groupe comprend tous les chiens de races britanniques (arrêt, retrievers).

Le 10e groupe comprend tous les lévriers.

En France la chasse au lévrier est interdite, nous ne nous attarderons donc pas sur ce groupe, à regret d'ailleurs car cette chasse ne manque pas de sportivité. Les Britanniques utilisent encore beaucoup ces chiens à la chasse appelée « coursing ».

Les terriers, qui appartiennent au 3e groupe, ont pour vocation le déterrage. Les races couramment utilisées en France sont peu nombreuses, la plus commune étant, bien sûr, le fox-terrier à poil dur ou à poil lisse. Mais on voit aussi, sur le terrain, quelques jagd-terriers allemands. Les Britanniques, eux, utilisent de nombreuses races de terrier : border, welsh, cairn...

Le fox-terrier, excellent sous terre, convient également pour la chasse au sanglier, qu'il n'hésite pas à attaquer. Extrêmement mordant, sur terre il chasse comme un chien courant en donnant de la voix.

Les teckels, qui appartiennent au 4e groupe, sont très polyvalents. Depuis quelques années un certain engouement s'est créé autour du teckel. Ses capacités vont du déterrage à la recherche au sang, en passant par la chasse du lapin...

A la recherche du grand gibier blessé, un teckel de qualité et bien dressé excelle.

Le 5e groupe renferme tous les *grands chiens courants,* utilisés par les veneurs qui chassent le cerf, le sanglier, le chevreuil. Certaines des races de ce groupe ont subi depuis leur fixation de nombreuses mutations, dues à divers apports de sang étranger.

Les veneurs et les clubs de chiens courants s'efforcent de maintenir, d'améliorer et, si possible, d'augmenter le cheptel de toutes ces races.

Le 6e groupe renferme tous les *petits chiens courants.*

Le classement qui existe à l'heure actuelle pour les chiens courants a été effectué par la Fédération canine internationale et consiste à affecter les grands chiens courants au grand gibier et les petits chiens courants au petit gibier. Ce qui révèle une parfaite méconnaissance de l'utilisation des chiens courants chez nos voisins européens.

Tous les *chiens d'arrêt continentaux* appartiennent au 7e groupe. Il s'agit le plus souvent de chiens de quêtes courtes ou moyennes. Les plus en vogue à l'heure actuelle sont le braque allemand, l'épagneul breton et le korthals. Mais cela ne diminue en rien les qualités de chasse des autres races : épagneul français, braque d'Auvergne, drathaar, etc.

Quant au 8ᵉ groupe, il comprend tous les *chiens anglais*. Il s'agit des chiens d'arrêt, des springers, spécialistes de la grande quête : pointers, setters anglais, irlandais, gordon. Ce groupe comporte aussi tous les spaniels, retrievers excellents pour le rapport.

VOUS VOULEZ CHOISIR UN CHIEN DE CHASSE

Le choix d'un chien de chasse dépend essentiellement du type de chasse pratiqué ; même si quelques races ont des qualités polyvalentes il en existe toujours une possédant des aptitudes naturelles pour une chasse donnée. Il faut savoir, par exemple, que les grandes plaines dégagées conviennent parfaitement aux chiens d'arrêt anglais de grande quête ; les setters ont également d'étonnantes capacités d'adaptation au bois, particulièrement pour la chasse à la bécasse. Dans un pays de haies, de bocages, les chiens de quêtes moyennes ou courtes conviennent parfaitement (épagneuls, braques...). Pour « broussailler » les chiens à poil dur comme les korthals ou les drathaars sont parfaitement adaptés.

Pour les chiens courants, il faut être plus circonspect. Toutes les races de chiens courants ont des aptitudes pour chaque gibier, tout étant question de dressage. Cependant, il faut bien comprendre que les chiens courants de petite taille n'ont pas les capacités physiques suffisantes pour forcer un grand animal.

Après avoir choisi une race de chien en fonction du type de chasse pratiquée, le meilleur moyen d'en acquérir un est de contacter le club de race intéressé. Vous pouvez obtenir les renseignements et adresses auprès de la Société centrale canine, 215, rue Saint-Denis - 75083 Paris.

Le club de race vous orientera chez les éleveurs dont les lices et les étalons sont répertoriés. Attachez-vous cependant à voir la portée de chiots, la mère, et, si possible, le père, avant de jeter votre dévolu sur l'un des jeunes. N'omettez pas non plus de vous renseigner sur l'aptitude des parents à la chasse.

VOUS AVEZ VOTRE CHIEN DE CHASSE

Si vous achetez un chien de race, le vendeur doit vous remettre un certificat de naissance (document rose).

Lorsque votre chien atteint l'âge adulte, montrez-le à un expert qui le confirmera, et le certificat de naissance sera remplacé par le pedigree définitif. Si le chien est tatoué, c'est qu'il a été immatriculé à la Société centrale canine. Le certificat et le pedigree devront être accompagnés de la carte de tatouage.

ATTENTION ! Un chiot tatoué n'obtiendra pas obligatoirement un pedigree car il ne s'agit, en fait, que d'une immatriculation à la S.C.C. Un chien peut être tatoué et sans race.
L'éleveur lorsqu'il vend un chiot n'a pas forcément reçu le certificat de naissance. Néanmoins il doit s'engager à vous le remettre.

Connaissez-vous le L.O.F. ?

Il s'agit du Livre des origines françaises agréé par le ministère de l'Agriculture et sur lequel sont inscrits tous les chiens « confirmés », c'est-à-dire aptes à maintenir ou à améliorer l'état de la race. Pour qu'un chien soit au L.O.F. Il faut que son père et sa mère le soient aussi.

LES DÉMARCHES

Si vous voulez faire inscrire vos chiens, pensez à déclarer la saillie à la S.C.C. quatre semaines après son exécution. Lorsque les chiots sont nés, déclarez-les à la S.C.C. dans les quatorze jours de la mise bas. Ensuite vous recevrez une proposition d'inscription figurant sur la déclaration de naissance. Vous devrez retourner cette proposition d'inscription accompagnée de la carte de tatouage de chaque chiot. Alors seulement, la S.C.C. vous délivrera les certificats de naissance qu se transformeront en pedigrees lorsque les chiens seront confirmés.

LA SANTÉ DE VOTRE CHIEN

Vous l'avez sans doute remarqué, un chien n'est pas une mécanique. Il importe que votre chien de chasse soit en bonne santé, si vous voulez qu'il vous rende de grands services.

Dès son plus jeune âge, faites-le vacciner contre la maladie de Carré. Assurez-vous auparavant de sa bonne forme, car il pourrait mal réagir aux effets du vaccin et contracter la maladie.

Il existe, bien sûr, un autre vaccin très important, la rage. Il est obligatoire dans bon nombre de départements. Un chasseur prudent, même s'il n'y est pas obligé, fera vacciner son chien. Attention ! il faut faire un rappel annuel et ne pas dépasser un an avant d'effectuer ce rappel. Si votre chien dépérit vermifugez-le, la meilleure formule consistant à le vermifuger tous les deux mois.

— Les tiques : lorsqu'à la chasse votre chien broussaille ou chasse sous-bois dans les ronces, il attrape fréquemment des parasites qui s'accrochent à sa peau ; ces tiques, implantées en grande quantité, peuvent provoquer des troubles graves. En conséquence pensez à chaque retour de chasse à examiner votre chien de près et à le débarrasser de ses parasites.

Il existe bien sûr d'autres vaccins préventifs pour éviter les maladies que pourrait contracter le chien, la leptospirose par exemple.

Autres conseils

Votre chien de chasse est un athlète qui sera soumis pendant la saison à des efforts longs et répétés. Pour que son cœur ne se fatigue pas et pour qu'il ne s'essouffle pas trop vite, veillez à ce qu'il ne soit pas trop gras. On ne doit cependant pas lui compter tous les os...

Si votre chien maigrit, ne mange plus, n'attendez pas pour consulter un vétérinaire.

JUGEZ VOTRE CHIEN

Si vous possédez un beau chien de chasse dans une race donnée, vous aurez rapidement envie de le montrer et de le présenter en exposition. Pour qu'il soit classé ou qu'il ait un prix, il devra correspondre au standard de la race. Chaque partie (dans le standard d'une race chaque partie doit correspondre à des normes bien définies) du chien sera examinée par le juge ; il est donc bon de savoir à quoi correspondent certains noms comme chanfrein, jarret, etc. Vous découvrirez en étudiant le schéma que nous vous présentons ci-contre.

Dans les expositions organisées en France par la Société Centrale Canine ou par les Sociétés régionales affiliées, sont délivrés des certificats d'aptitude au championnat de beauté (C.A.C.B). Dans certaines expositions sont décernés en outre des certificats d'aptitude au championnat de beauté internationale (C.A.C.I.B.) selon les règlements précis adoptés par Société centrale canine (S.C.C.) et la Fédération canine internationale (F.C.I.).

ASPECT EXTÉRIEUR D'UN CHIEN
(Désignation de chaque partie)

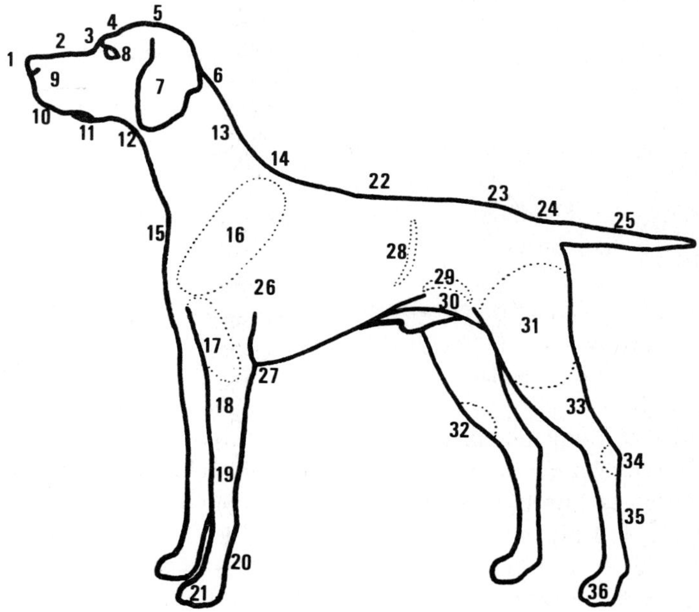

1. Truffe.
2. Chanfrein.
3. Stop.
4. Front.
5. Crête occipitale.
6. Nuque.
7. Oreille.
8. Œil.
9. Museau.
10. Lèvres.
11. Commissure des lèvres.
12. Gorge.
13. Encolure.
14. Garrot.
15. Poitrail.
16. Épaule.
17. Bras.
18. Avant-bras.
19. Carpe.
20. Métacarpe.
21. Pied antérieur.
22. Dos.
23. Rein.
24. Croupe.
25. Queue.
26. Poitrine.
27. Pointe du coude.
28. Dernière côte.
29. Flanc.
30. Pli du flanc.
31. Cuisse.
32. Grasset (rotule).
33. Jambe.
34. Tarse.
35. Métatarse.
36. Pied postérieur.

De même des règlements sont édictés pour la délivrance des certificats d'aptitude au championnat du travail (C.A.C.T.) ou au championnat de travail international (C.A.C.I.T.).

Les certificats de travail sont obtenus à la suite d'épreuves appelées « field-trials ». Ces field-trials peuvent se dérouler au printemps sur du gibier qui n'est pas tiré, mais aussi en automne sur du gibier tiré. On comprend facilement l'avantage de posséder un chien à la fois champion de travail et de beauté.

Le dressage de votre chien de chasse

Si vous ne voulez pas que votre chien soit difficile à la chasse il faut qu'il soit dressé, c'est-à-dire qu'il ne courre pas en tous sens dès que vous le lâchez. Il existe un vocabulaire réduit qu'il faut essayer de respecter et auquel le chien s'habituera rapidement.

Ce vocabulaire quel est-il ?

— Pour les chiens d'arrêt et retrievers :

1. Appel du nom suivi de « Viens ici » ou « Au pied ». Dans toutes les circonstances le chien doit répondre à cet ordre.
2. « ASSIS ». Un retriever pour la chasse en battue doit rester assis près de son maître.
3. « DOWN ». Lorsque le chien est en arrêt on le fait coucher pour qu'il ne « bourre » pas le gibier et qu'il laisse au chasseur le temps d'arriver. Le « Down » doit pouvoir être obtenu à toutes distances avec un geste (le bras levé, la main ouverte). C'est un des points essentiels du dressage.
4. « ALLEZ ». Pour que le chien suive une direction donnée, indiquez-la lui avec le bras.
5. « DOUCEMENT ». Pour calmer le chien et faire en sorte qu'il ne fonce pas ; même rapide il doit toujours travailler calmement.

6. « CHERCHE ». On envoie le chien chercher un gibier démonté ou perdu.
7. « APPORTE ». Le gibier est tombé, le chien va le chercher au commandement et le rapporte à son maître.
8. « DONNE ». Le chien donne doucement le gibier qu'il vient d'apporter.

— Pour les chiens courants :

Les chiens vivent en meute et la plus grande partie du travail de dressage se fait au chenil. Il s'agit d'un dressage plus rudimentaire que pour les chiens d'arrêt. Néanmoins les meutes de certains équipages obtiennent des résultats étonnants

Pointer

1. « ARRÊTE ». Mot clef du dressage des courants, il doit arrêter un individu de la meute à distance ; il faut souvent faire claquer le fouet pour appuyer cet ordre.
2. « EN MEUTE ». Les chiens se regroupent et se serrent les uns contre les autres.
3. « A LA VOIE ». On encourage les chiens à rechercher la voie, l'odeur de l'animal de la chasse.
4. « ÉCOUTE A LA TÊTE ». Il s'agit d'inciter les chiens de queue à rejoindre la tête de la chasse.
5. « AU RETOUR ». L'animal de chasse recule sur sa voie chassée ; pour que les chiens ne s'emballent pas on les encourage à rechercher la voie en repartant en arrière.
6. « SAGEMENT ». Ce mot s'utilise pour calmer l'ardeur des chiens qui auraient un peu tendance à crier sur la voie de n'importe quel animal.
7. « TOUT COI ». Le chasseur doit faire taire les chiens un peu trop bavards en toutes circonstances.

Pour les teckels et les fox on emploie souvent le mot « Chope » pour les encourager à aller au terrier.

Quel matériel utiliserez-vous ?

— Un collier et une plaque gravée avec votre adresse (bien utile s'il vous arrive de perdre votre chien).
— Une laisse pour faire marcher votre chien au pied.
— Une laisse en corde à enrouler, de 40 à 50 mètres de long, pour faire quêter votre chien en gardant le contact.
— Un sifflet : il est particulièrement intéressant de dresser son chien au sifflet surtout s'il s'agit d'un chien de grande quête.
— « Apportables » objets pour dresser les chiens au rapport.
— La cravache servira pour les chiens particulièrement difficiles. D'une façon générale la manière forte est à éviter surtout avec les chiens français, d'un caractère plus sensible.

Derniers conseils

— Habituez progressivement votre jeune chien aux coups de fusil en tirant loin de lui, puis en vous rapprochant. S'il est peureux, une seule solution : changez de chien !

— Ne faites pas chasser votre chien trop jeune, vous risquez de le fatiguer et de le gâcher très rapidement.

10 QUESTIONS SUR LES CHIENS

I/Q. : A quel groupe appartiennent les races de grands chiens courants ?
R. : Au 5e groupe.

II/Q. : L'épagneul breton est-il un chien de grande quête ou de quête courte et qu'est-ce que cela signifie ?
R. : L'épagneul breton est un chien de petite quête, ce qui signifie qu'il chasse à proximité de son maître.

III/Q. : Que signifie le sigle C.A.C.I.B. ?
R. : Certificat d'Aptitude au Concours International de Beauté.

IV/Q. : Qu'est-ce que le « stop » d'un chien ?
R. : C'est la cassure du front au chanfrein.

V/Q. : Combien existe-t-il de sortes de « field-trials » ?
R. . Deux : les field-trials de printemps (on ne tire pas le gibier) ; les field-trials d'automne (on tire le gibier).

VI/Q. : Qu'est-ce qu'un « apportable » ?
R. : Un objet servant au dressage d'un chien de rapport, par exemple un lapin empaillé.

VII/Q. : Qu'appelle-t-on « coursing » ?
R. : La chasse au lièvre pratiquée en Angleterre avec des lévriers. Cette chasse est interdite en France.

VIII/Q. : Quelles espèces de chiens renferment le 8e groupe ?
R. : Tous les chiens d'arrêt anglais, mais aussi les spaniels et les retrievers.

IX/Q. : Le tatouage est-il obligatoire et à quoi correspond-il ?
R. : Non, il n'est pas encore obligatoire, mais il le sera bientôt, il sert à l'immatriculation des chiens à la Société centrale canine.

X/Q. : Comment le vaccin contre la rage s'administre-t
R. : La première année : deux injections à quinze jours d'intervalles suivies d'un rappel annuel.

8

EXAMENS BLANCS

Pour se mettre dans l'ambiance de l'examen.

Gibier, armes, législation et tout ce qui concerne la chasse vous est devenu familier. Avant votre examen, nous vous proposons de contrôler vous-même vos connaissances en répondant aux questions des dix examens blancs qui suivent.

Chaque examen comporte vingt et une questions qui se rapprochent de celles posées le jour de l'examen ; certaines de ces questions ont déjà été posées au cours d'examens précédents.

Pour passer ces examens blancs, il vous suffit de lire chaque question et de mettre une croix dans la case correspondant à votre réponse sur les grilles réalisées à cet effet (voir pages 251 à 259). Pour contrôler vos réponses, il vous suffira de superposer sur votre grille une des deux grilles-réponses :

- La grille n° 1 correspond aux examens I - III - V - VII - IX ;
- La grille n° 2 correspond aux examens II - IV - VI - VIII - X.

EXAMEN BLANC I.

I. – Puis-je tirer un faisan sortant d'une haie à hauteur d'homme ?
A) oui B) non

II. – Parmi ces trois animaux, lequel a la taille intermédiaire ?
A) le putois B) la belette C) le blaireau

III. – La perdrix rouge est plus grosse que la perdrix grise.
A) oui B) non

IV. – Les A.C.C.A. ont obligatoirement en réserve :
A) 5 % de leur territoire B) 10 % C) 20 %

V. – Un faisan venant de ma chasse passe chez le voisin...
A) je tire B) je ne tire pas

VI. – Une carabine rayée est dangereuse à :
A) 500 m B) 800 m C) au-delà de 1 000 m

VII. – N'importe quel chasseur peut-il chasser sur le domaine public maritime ?
A) oui B) non

VIII. – Les perdrix couvent généralement en :
A) février-mars B) avril-mai C) juin-juillet

IX. – Un chasseur en battue se poste :
A) dos au bois B) au milieu de l'allée C) ventre au bois

X. – Une A.C.C.A. peut-elle limiter le nombre de pièces par chasseur et par jour de chasse ?
A) oui B) non

XI. – Dans le ciel vole un héron...
A) je tire B) je ne tire pas

XII. – Je tire des cols-verts avec du :
A) plomb n° 3 B) plomb n° 5 C) plomb n° 8

XIII. – « Les blettes » correspondent à :
A) des formes pour la chasse au gibier d'eau B) des petits mustélidés C) un terme de vénerie

XIV. – Le cahier des clauses générales régit la chasse en forêts domaniales.
A) oui B) non

XV. – Pour chasser le gibier d'eau, il faut obligatoirement faire partie d'une société de chasse du domaine public maritime :
A) oui B) non

XVI. – La chasse sans permis peut-elle être sanctionnée d'une amende de 600 F à 1 000 F ?
A) oui B) non

XVII. – Quel est le grossissement idéal d'une lunette pour le tir en battue :
A) 1,5 B) 3 C) 6

XVIII. – Dans le système européen concernant les munitions rayées, que signifie le 2e chiffre ? Exemple : 7 × 64.
A) le poids de la balle B) la longueur de la balle C) la longueur de la douille

XIX. – Un halbran est un jeune col-vert de :
A) 15 jours B) 2 mois C) 1 an

XX. – L'endroit où le cerf frotte ses bois pour les faire tomber, les brunir et marquer son territoire s'appelle :
A) un fort B) un frottis C) un frayoir

XXI. – Quel est le rôle du Conseil national de la chasse ?
A) il fait les lois sur la chasse B) il est purement consultatif

Voir réponses grille n° 1

EXAMEN BLANC II.

I. – L'oiseau que l'on voit sur le bord des autoroutes, qui fait « le Saint-Esprit » en volant sur place est :
A) une crécerelle B) un pluvier C) une tourterelle

II. – Le chamois garde-t-il ses cornes toute l'année ?
A) oui B) non

III. – Combien de mois dure la gestation chez la biche ?
A) 3 mois B) 5 mois C) 8 mois

IV. – Les marcassins en livrée ont :
A) moins de 6 mois B) de 6 mois à 1 an C) plus de 1 an

V. – Le col-vert niche :
A) en février B) en mai C) en juin

VI. – La renarde met-elle au monde :
A) 3 portées par an B) 2 portées par an C) 1 portée par an

VII. – Une harde de grands animaux sur un territoire donné appartient :
A) au propriétaire du terrain B) au locataire de la chasse C) à personne

VIII. – Est-il possible de rabattre du gibier avec un bateau à moteur ?
A) oui B) non

IX. – Dans un fusil automatique, combien peut-on tirer de cartouches sans recharger ?
A) 2 B) 3 C) 4

X. – Je capture du gibier sur ma chasse pour effectuer du repeuplement ; puis-je le faire :
A) avec autorisation B) sans autorisation

XI. – Avec une cartouche de chevrotine, je tire :
A) le gibier de montagne B) le sanglier C) rien

XII. – Dans le ciel volent des oies blanches...
A) je tire B) je ne tire pas

XIII. – Je possède une grosse canardière et un appui ; puis-je chasser avec cette arme ?
A) oui B) non

XIV. – Existe-t-il un danger à mettre une cartouche de 20 dans un fusil de 12 ?
A) oui B) non

XV. – En action de chasse, un chasseur tient son fusil chargé, dirigé vers le bas, et un autre son fusil cassé sur le bras ; leurs positions sont-elles bonnes ?
A) oui B) non

XVI. – Parmi ces plombs, lequel va le plus loin ?
A) plomb n° 4 B) plomb n° 8

XVII. – Je passe un fossé...
A) je mets la sûreté du fusil B) j'ouvre mon fusil C) je le décharge

XVIII. – En battue, un faisan vole juste au-dessus d'un maïs...
A) je tire B) je ne tire pas

XIX. – Parmi ces deux plombs, lequel est le plus gros ?
A) 3 B) 7

XX. – Une société de chasse peut-elle repousser sur son territoire son ouverture au-delà de l'ouverture générale ?
A) oui B) non

XXI. – Un canard qui court sur l'eau est-il :
A) un canard plongeur ? B) un canard de surface ?

Voir réponses grille n° 2

EXAMEN BLANC III.

I. – Je trouve des levrauts dans un champ...
A) je les prends B) je n'y touche pas C) je les donne au garde

II. – N'importe qui peut chasser dans une forêt domaniale ?
A) non B) oui

III. – Je tire les canards de préférence avec des plombs :
A) n° 5 B) n° 9

IV. – Le cerf perd-il ses bois ?
A) non B) oui

V. – En cas de dégâts dans les cultures, qui indemnise ?
A) les agriculteurs B) les chasseurs C) l'État

VI. – L'antilope française est-elle
A) le mouflon ? B) le chevreuil ? C) le chamois ?

VII. – Le canard qui a le bec en spatule est :
A) un pilet B) un souchet C) un morillon

VIII. – Peut-on chasser en mer sur une barque à rames ?
A) non B) oui

IX. – Un enfant de 15 ans peut-il chasser dans un enclos ?
A) oui B) à certaines conditions C) non

X. – Un maire peut-il refuser un visa de permis de chasser ?
A) oui B) non

XI. – La bécassine est un oiseau :
A) sédentaire B) migrateur

XII. – Un commerçant a des lièvres au congélateur ; peut-il les vendre toute l'année ?
A) oui B) non

XIII. – Dans les restaurants, un de ces trois gibiers est interdit :
A) la bécasse B) le col-vert C) le pigeon

XIV. – Peut-on mettre toutes les cartouches de calibre 12 dans un fusil de calibre 12 dont la chambre mesure 65 mm ?
A) non B) oui

XV. – Peut-on chasser depuis un véhicule à moteur ?
A) oui B) non

XVI. – Sur un territoire bien géré et dans une année d'excellente reproduction, quel pourcentage de lièvres peut-on raisonnablement prélever ?
A) 50 % B) 60 % C) 70 %

XVII. – Je vois des canards le 5 avril...
A) je ne tire pas B) je tire

XVIII. – Un fusil bouché par la neige peut-il exploser si le chasseur tire à ce moment ?
A) la neige ne peut boucher le canon B) non C) oui

XIX. – Quand je ferme mon fusil
A) je remonte les canons B) je remonte la crosse

XX. – Où se trouve la bourre dans une cartouche ?
A) entre le sertissage et les plombs B) entre la poudre et l'amorce C) entre les plombs et la poudre

XXI. – Un fusil calibre 20 tire des cartouches plus grosses qu'un fusil calibre 16 ?
A) oui B) non

Voir réponses grille n° 1

EXAMEN BLANC IV

I. – On détermine l'âge exact d'un lièvre :
A) en pesant le cristallin à sec de l'œil B) en examinant sa denture C) en mesurant ses membres postérieurs

II. – Chez la perdrix, la ponte s'effectue :
A) début mai B) début avril C) mi-mars

III. – En cas de repeuplement, il est préférable de lâcher :
A) des adultes en hiver B) des adultes à la fin de l'été C) des jeunes au printemps

IV. – Le pilet fait partie :
A) des canards de surface B) des canards plongeurs

V. – Le coq faisan est plus gros que la poule faisane :
A) oui B) non

VI. – On estime l'accroissement annuel d'une population de chevreuils aux alentours de :
A) 15 % B) 20 % C) 30 %

VII. – Chez le mouflon, la gestation dure :
A) 12 mois B) 8 mois C) 5 mois

VIII. – La longuesse d'un fusil se trouve :
A) en arrière de la crosse B) sous le canon C) dans le mécanisme intérieur

IX. – Un fusil éprouvé à 900 bars supporte des pressions supérieures sans risque ?
A) oui B) non

X. – Le stecher :
A) assouplit le départ de la détente B) facilite le déchargement de la carabine C) permet une meilleure visée

XI – Une arme à quatre canons est appelée :
A) drilling B) mixte C) vierling

XII. — L'utilisation de la chevrotine est permise dans certains cas ?
A) non B) oui

XIII. – Les carabines de très gros calibres sont à percussion :
A) annulaire B) centrale

XIV. – Le calibre 6,5 × 68 est parfait pour :
A) la montagne B) le cerf et le sanglier C) le grand gibier africain

XV. – En chasse sélective, le tir de « récolte » consiste à tirer :
A) des animaux porteurs de grands trophées B) des femelles C) des animaux déficients

XVI. – L'utilisation de fusils fixés est-elle permise sur les bateaux ?
A) non B) oui

XVII. – En France, les réserves couvrent en surface :
A) 8 % B) 15 % C) 13 % du domaine maritime

XVIII. – Le plan de chasse s'applique-t-il pour le cerf, le chevreuil et le sanglier ?
A) oui B) non

XIX. – Est-on autorisé à tirer l'outarde canepetière en France ?
A) non B) oui

XX. – La chasse du gibier d'eau en dehors de la période d'ouverture générale peut-elle s'exercer sur le bord d'un ruisseau ?
A) non B) oui

XXI. – Vous pouvez récupérer un gibier blessé, tombé chez le voisin :
A) en déposant préalablement votre fusil B) en passant avec votre fusil

Voir réponses grille n° 2

EXAMEN BLANC V

I. – Quel est le nom du canard dont le bec se termine en spatule ?
A) milouin B) souchet C) pilet

II. – De ces deux faisans, lequel préfère les grandes futaies ?
A) le faisan vénéré B) le faisan commun

III. – Le tétras-lyre est aussi appelé :
A) petit coq de bruyère B) lagopède C) gelinotte

IV. – Une chanterelle est-elle toujours une perdrix femelle ?
A) oui B) non

V. – Le pigeon ramier peut-il être classé comme nuisible ?
A) non B) oui

VI. – On appelle « trochure » l'andouiller :
A) d'un chevreuil B) d'un daim C) d'un cerf

VII. – En principe, les vieux cerfs brament :
A) en même temps que les jeunes cerfs B) avant les jeunes cerfs C) après les jeunes cerfs

VIII. – Un fusil Hamerless possède des chiens :
A) extérieurs B) intérieurs C) n'en possède pas du tout.

IX. – La platine :
A) est uniquement décorative B) permet au percuteur de faire corps avec le chien C) rend indépendants les marteaux et le percuteur.

X. – Le calibre d'un fusil s'exprime :
A) en fonction du nombre de balles sphériques pouvant être fabriquées avec une livre ancienne de plomb pur (densité 11,35) B) en nombre de plombs d'un certain volume contenus dans une cartouche de ce calibre C) en millimètres, diamètre du canon.

XI. – La vitesse moyenne d'une cartouche à plomb est :
A) 150 m/s B) 350 m/s C) 800 m/s

XII. – Les carabines à verrou sont souvent exécutées sur la base du système de culasse :
A) Holland-Holland B) Mauser C) Mas-Fournier.

XIII. – On utilise les crosses Monte-Carlo de préférence :
A) sur les carabines B) sur les fusils

XIV. – On tire sans difficulté des cartouches de 70 mm dans un fusil chambré à 65 mm :
A) non B) oui

XV. – Pour servir un animal à la fin d'une chasse à courre, la dague de vénerie et l'arme à feu sont-elles autorisées ?
A) non B) oui

XVI. – En sélection, à quelle époque tire-t-on les grands trophées de chevreuil ?
A) juillet B) avril C) octobre

XVII. – La chasse est-elle autorisée dans les champs où les récoltes sont sur pied, sans permission du propriétaire ?
A) non B) oui

XVIII. – Les infractions de chasse peuvent-elles être constatées par le maire d'une commune ?
A) uniquement par les gardes B) non C) oui

XIX. – Dans la plupart des départements soumis au régime A.C.C.A., quelle est, pour la plaine et les bois, la surface minimale d'un seul tenant pour faire opposition ?
A) 3 ha B) 20 ha C) 100 ha

XX. – Chaque chasseur :
A) peut-il voter à l'assemblée générale de sa fédération ? B) peut-il voter après un certain nombre d'années ? C) doit-il remettre son vote à une société ou à un propriétaire ?

XXI. – L'arrêté élémentaire permanent de la chasse dans un département est affiché :
A) dans les débits de boisson B) à la mairie

Voir réponses grille n° 1

EXAMEN BLANC VI

I. – La femelle du lapin peut se reproduire dès l'âge de :
A) 6 mois B) 8 mois C) 16 mois

II. – L'incubation des œufs de perdrix dure :
A) 24 jours B) 18 jours C) 28 jours

III. – La superfétation est un phénomène commun chez :
A) le lapin B) le cerf C) le lièvre

IV. – Le faisan vénéré fut introduit en France avant le faisan commun :
A) non B) oui

V. – En France, le gibier est considéré comme :
A) *res nullius* (n'appartient à personne) B) *res communis* (appartient à tout le monde) C) *res propria* (appartient au propriétaire).

VI. – Les dégâts de gibier dans les départements soumis au plan de chasse sont indemnisés :
A) par la Fédération des chasseurs B) par la Direction départementale de l'agriculture C) par l'Office national de la chasse.

VII. – Les forestiers estiment que dans les forêts riches il peut y avoir sur 100 ha, sans risques pour les plantations :
A) 8 cervidés B) 6 cervidés C) 4 cervidés

VIII. – Pour un tir à l'arme rayée, y a-t-il plus de risque à tirer sous un angle de 15° que sous un angle de 40° ?
A) non B) oui

IX. – Le choke d'un canon sert :
A) à disperser la gerbe de plomb dès la sortie du canon B) à resserrer la gerbe de plomb C) à l'accélérer

X. – De ces trois calibres de carabines, lequel est le plus gros ?
A) 300 Winch magnum B) 6,5 × 68 S C) 222 Remington

XI. – Quelle est la distance de sécurité lorsque l'on tire à plombs ?
A) 200 m B) 500 m C) 300 m

XII. – Le « R » qui suit la désignation d'une munition signifie qu'il s'agit d'une cartouche :
A) résistante B) à bourrelet C) rapide

XIII. – La flèche correspond à la chute de hauteur d'une balle à une distance donnée :
A) non B) oui

XIV. – Plus le grossissement d'une lunette de visée est fort, plus le champ de cet instrument augmente :
A) non B) oui

XV. – Un garde-pêche peut-il dresser procès-verbal à la suite d'une infraction de chasse :
A) oui B) non

XVI. – Existe-t-il des dégâts indemnisés par l'O.N.C. autres que ceux commis par le grand gibier ?
A) non B) oui

XVII. – Un chasseur qui ne porte pas son permis sur lui s'expose à une amende de :
A) 200 F B) 120 F C) 40 F

XVIII. – Le préfet peut-il retarder ou suspendre la chasse dans son département pour des raisons particulières ?
A) non B) oui

XIX. – Une personne qui suit une chasse à courre sans porter la tenue d'un équipage mais qui porte trompe et fouet fait-il acte de chasse ?
A) oui B) non

XX. – L'utilisation sur le domaine maritime de certains canards autres que les cols-verts comme appelants peut-elle être autorisée ?
A) non B) oui

XXI. – Le 20 octobre, vous faites valider et viser votre permis de chasser. Jusqu'à quelle période sera-t-il valable ?
A) jusqu'au 30 juin B) jusqu'à la fermeture générale C) jusqu'au 20 octobre suivant

Voir réponses grille n° 2

EXAMEN BLANC VII

I. – La leptospirose, la coccidiose, la tularémie sont les trois maladies les plus répandues chez :
A) la perdrix B) le lièvre C) le lapin

II. – Chez le lapin, la gestation dure :
A) environ 30 jours B) environ 15 jours C) environ 40 jours

III. – A quelle époque les chevreuils perdent-ils leurs bois ?
A) octobre-novembre B) juillet-août C) janvier-février

IV. – Un jeune coq faisan maillé :
A) a encore ses plumes de jeune B) vient de prendre son plumage d'adulte

V. – La draine et la litorne sont des variétés de :
A) bécassines B) grives C) limicoles

VI. – Le taux moyen d'accroissement d'une population de mouflons est de :
A) 70 % B) 50 % C) 30 %

VII. – Le mâle canard siffleur a :
A) la tête verte B) la tête orange avec une barre jaune C) la tête orange

VIII. – La pièce maîtresse permettant la jonction entre les canons et le mécanisme d'un fusil s'appelle :
A) la gâchette B) la bascule C) la longuesse

IX. – Lorsque l'âme du canon d'un fusil est réduite de 1 mm au diamètre, on dit que le fusil est :
A) demi-choke B) lisse C) full-choke

X. – Dans une cartouche, la pièce qui pousse la charge de plomb est :
A) la bourre B) l'amorce C) le sertissage

XI. – Quelle est la portée moyenne d'une cartouche à balle ?
A) 100 m B) 50 m C) 200 m

XII. – De ces trois calibres, quel est celui qui a une percussion annulaire ?
A) 300 WM B) 22 LR C) 8 × 68 S

XIII. – La vitesse moyenne d'une balle de carabine se situe aux environs de :
A) 900 m/s B) 2 500 m/s C) 1 500 m/s

XIV. – Quelles sont les balles les plus dangereuses ?
A) les balles en acier B) les balles en plomb

XV. – Parmi ces mammifères, un seul n'est pas protégé, lequel ?
A) le cerf de Corse B) le mouflon C) le bouquetin

XVI. – Qui « approuve » une réserve ?
A) le ministre de la Chasse B) le président de société de chasse C) le président de fédération

XVII. – Quel gibier peut-on chasser dans les enclos toute l'année ?
A) le gibier à poil B) le gibier à plume C) les deux

XVIII. – Les fermiers et les métayers ont toujours :
A) le « droit de chasse » B) le « droit de chasse et de chasser »
C) le « droit de chasser »

XIX. – Y a-t-il acte de chasse chez autrui si on va y tirer un gibier blessé de sa propre chasse ?
A) non B) oui

XX. – A quelle distance des habitations l'exercice de la chasse est-il généralement permis ?
A) 50 m B) 500 m C) 100 m

XXI. – A-t-on légalement le droit de circuler pendant la saison de chasse avec un quartier de viande provenant d'un grand gibier soumis au plan de chasse ?
A) non B) oui

Voir réponses grille n° 1

EXAMEN BLANC VIII

I. – Combien existe-t-il de régions cynégétiques en France ?
A) 7 B) 8 C) 9

II. – Pendant combien de temps le préfet peut-il suspendre la chasse dans son département en cas de calamités ?
A) 10 jours renouvelables B) 15 jours renouvelables

III. – Combien y a-t-il de représentants des chasseurs au conseil d'administration de l'O.N.C. ?
A) 3 B) 5 C) 9

IV. – Quel est le rôle des services techniques de l'O.N.C. ?
A) maintenir et améliorer le capital cynégétique B) former les gardes

V. – Les gardes dépendent maintenant de l'Office national de la chasse, comment les appelle-t-on ?
A) gardes nationaux B) gardes fédéraux C) gendarmes de la nature

VI. – Qui nomme les présidents des fédérations départementales des chasseurs ?
A) les chasseurs B) le préfet C) le ministre de la Chasse

VII. – Quelle est, en montagne, la superficie minimale d'un seul tenant qu'il faut posséder pour pouvoir s'opposer à l'entrée dans une A.C.C.A. ?
A) 20 ha B) 60 ha C) 100 ha

VIII. – Comment appelle-t-on la chasse à l'approche et silencieuse ?
A) l'affût B) la pirsche

IX. – Quel est le filet utilisé par les chasseurs landais pour capturer des pigeons ramiers ?
A) le filet vertical B) le filet horizontal

X. – Pour créer un équipage de déterrage, il faut un minimum de :
A) 3 chiens B) 6 chiens C) 8 chiens

XI. – En fauconnerie, qu'appelle-t-on « tiercelet » ?
A) le jeune B) la femelle C) le mâle

XII. – Pour faire le bois avec un chien, il faut avoir un permis de chasser :
A) non B) oui

XIII. – En vénerie, un animal qui se « forlonge » :
A) tient les abois B) prend de l'avance C) donne le change

XIV. – Le lieutenant de louveterie peut-il dresser procès-verbal sur tout le territoire ?
A) non B) oui

XV. – Peut-on franchir une barrière ou tout autre obstacle avec un fusil chargé et fermé ?
A) non B) oui

XVI. – Peut-on laisser reposer les bouches des canons sur le sol ?
A) non B) oui

XVII. – A quelle époque a lieu le rut du sanglier ?
A) juillet-août B) septembre-octobre C) décembre-janvier

XVIII. – Peut-on tirer un oiseau au moment où il franchit la ligne de battue ?
A) oui B) non

XIX. – Quelle est la distance de sécurité pour le tir à plombs ?
A) 300 m B) 400 m C) 600 m

XX. – Que doit-on faire lorsque l'on tire un grand gibier soumis au plan de chasse ?
A) lui mettre un bracelet B) le ramener au rendez-vous C) le déclarer au garde

XXI. – A quoi distingue-t-on un courlis cendré d'une barge au vol ?
A) il a le bec incurvé vers le bas B) il a le bec incurvé vers le haut C) il est plus petit

Voir réponses grille n° 2

EXAMEN BLANC IX

I. – Il y a plus de risques de ricochet avec une cartouche :
A) à plomb B) à balle

II. – Le rut du chamois a lieu :
A) en novembre B) en août C) en mai

III. – En quelle année les brigades mobiles ont-elles été créées ?
A) 1976 B) 1975 C) 1970

IV. – Quel est le service qui prépare les textes et décisions du ministre en matière de chasse ?
A) l'Office national de la chasse B) la Protection de la nature C) le Conseil de la chasse et de la faune sauvage

V. – Peut-on tirer un oiseau qui sort d'un fourré en face de soi ?
A) oui B) non

VI. – Vous pouvez tirer une cartouche à balle :
A) dans un fusil B) dans une carabine C) dans les deux

VII. – Peut-on tirer des oiseaux posés sur un plan d'eau lorsqu'il y a du monde ou une habitation de l'autre côté ?
A) oui B) non

VIII. – En France, pour le tir à balle, la réglementation prévoit :
A) le tir à balles blindées B) le tir à balles expansives C) l'utilisation des deux

IX. – Vous perdez votre permis de chasser...
A) vous repassez l'examen B) vous ne chassez plus de la saison C) vous en achetez un nouveau

X. – Vous n'êtes pas titulaire d'un droit de chasse...
A) vous confiez votre timbre vote fédéral à un titulaire de droit de chasse B) vous allez voter à l'assemblée générale de votre fédération

XI. – L'une de ces trois bécassines est rare en France. Laquelle ?
A) la bécassine des marais B) la bécassine double C) la bécassine sourde

XII. – L'écureuil bénéficie d'une protection intégrale :
A) non B) oui

XIII. – Le plan de chasse est obligatoire dans toute la France pour :
A) le cerf B) le chamois C) le sanglier

XIV. – Peut-on chasser en France avec des lévriers ?
A) non B) oui

XV. – Un fusil se nettoie tout d'abord avec :
A) un chiffon gras B) un grattoir C) un feutre

XVI. – Le griffon nivernais est :
A) un chien courant B) un chien d'arrêt C) un retriever

XVII. – Le field-trial est :
A) une épreuve pour chiens de chasse B) la dénomination d'un territoire de chasse C) la façon de courir d'un chien

XVIII. – Sur le domaine public maritime, je peux utiliser comme appelants :
A) tous les canards sauf les protégés B) l'ensemble des espèces de canards C) le col-vert

XIX. – Sur votre permis, le visa est valable :
A) de l'ouverture générale à la fermeture B) de la date de la validation au 30 juin de l'année suivante C) pour un an

XX. – A la naissance, les jeunes perdreaux se nourrissent essentiellement :
A) de vers B) de graines C) d'insectes

XXI. – La vénerie du renard se pratique avec au minimum :
A) 6 chiens B) 10 chiens C) 20 chiens

Voir réponses grille n° 1

EXAMEN BLANC X

I. – On rencontre la gelinotte :
A) dans les Ardennes B) en Provence C) en Bretagne

II. – Le canard le plus répandu en France est :
A) le col-vert B) le nyroca C) la sarcelle

III. – La femelle du chamois a :
A) le cou plus court que le mâle B) le cou plus épais que le mâle C) le cou plus mince que le mâle

IV. – Quand on tire avec un fusil, on appuie sur :
A) la queue de détente B) la détente C) la gâchette

V. – Le plan de chasse du chamois est obligatoire dans toute la France :
A) non B) oui

VI. – Les A.C.C.A. ont 10 % de leur territoire en réserve
A) approuvée B) simple C) agréée

VII. – Pour chasser sur le domaine public maritime, il faut :
A) le timbre gibier d'eau B) adhérer à une association locataire d'une part du domaine maritime C) les deux

VIII. – Peut-on transporter le gibier mort en dehors de la période de chasse ?
A) oui B) non

IX. – Dans une compagnie de sangliers, il faut :
A) tirer la bête meneuse B) tirer des petits animaux

X. – Le chat sauvage est :
A) intégralement protégé B) sa destruction est soumise à autorisation

XI. – L'andouiller à la base des bois du cerf s'appelle :
A) l'épois B) le surandouiller C) l'andouiller de massacre

XII. – Le vanneau est :
A) autorisé à la vente B) interdit à la vente

XIII. – Le labrador est un chien :
A) courant B) de rapport C) d'arrêt

XIV. – Le CAT est, pour un chien de chasse :
A) un certificat de chasse B) un certificat de beauté C) un certificat d'origine

XV. – La période de chasse à courre s'achève au :
A) 31 mars B) 28 février C) 31 janvier

XVI. – Le mouflon est soumis au plan de chasse :
A) oui B) non

XVII. – L'isard est la dénomination :
A) du chamois des Alpes B) du bouquetin C) du chamois des Pyrénées

XVIII. – Combien la France compte-t-elle de chasseurs ?
A) 2 300 000 B) environ 1 850 000

XIX. – Les bracelets grand gibier sont :
A) vendus par la fédération B) donnés par la fédération

XX. – Une A.C.C.A. peut-elle retarder l'ouverture sur son territoire ?
A) oui B) non

XXI. – La liste des espèces protégées est divisée en :
A) 3 parties B) 2 parties

Voir réponses grille n° 2

9

APRÈS L'EXAMEN [1]

**Visa et validation du permis de chasser.
Remplacement des permis perdus ou détériorés.**

Vous venez de réussir votre examen, mais n'oubliez pas que vous avez un certain nombre d'obligations et de formalités à accomplir pour obtenir votre permis de chasser : vous avez 16 ans au minimum ; votre permis doit être délivré par la préfecture du lieu de domicile. Votre dossier doit se constituer de :
- un imprimé de demande ;
- une déclaration au sujet des causes d'incapacité ou d'interdiction pouvant faire obstacle à la délivrance du permis de chasser ;
(ces deux pièces sont à retirer à la mairie)
- une pièce d'identité ;
- deux photos d'identité ;
- un certificat de réussite à l'examen préalable ;
- un droit de 55 F au profit de l'Etat[2].

Le dossier complet est à déposer soit directement à la préfecture, soit éventuellement par l'intermédiaire de la mairie.

N.B. – Les titulaires de l'ancien permis de chasser sont exemptés de l'examen et du droit de 55 F[2] (original gratuit).

1. D'après plaquette O.N.C. « Nouveaux chasseurs ».

2. Chiffres 1979.

L'ASSURANCE CHASSE

L'assurance chasse peut être délivrée pratiquement par toutes les compagnies d'assurances. Elle protège le chasseur pour une somme illimitée contre les accidents corporels causés aux tiers en action de chasse, par lui-même ou par ses chiens.

Il existe certains compléments possibles et non obligatoires :

— assurance protégeant le chasseur, son conjoint, les membres de sa famille, ou ses employés contre tous les accidents de chasse ;

— assurance protégeant matériel et animaux, indispensable pour les chasseurs aux chiens courants ;

— les organisateurs de chasse ou les présidents de sociétés de chasse prennent souvent une assurance pour se dégager d'accidents qu'ils ne causent pas eux-mêmes, mais dont ils pourraient être déclarés responsables.

La jurisprudence considère que l'action de chasse commence dès que le chasseur part de chez lui avec son fusil et se termine lorsqu'il rentre chez lui.

ATTENTION ! En cas de résiliation du contrat d'assurance ou de suspension de la garantie, la Compagnie d'assurance est tenue d'informer le préfet du département du domicile de l'assuré ou, à Paris, le préfet de police, quinze jours au moins avant la date à laquelle la garantie cessera d'avoir effet. Dès réception de cette notification, le préfet prend les mesures nécessaires pour le retrait provisoire du permis. Celui-ci sera restitué soit après justification, par le demandeur, de la souscription d'un nouveau contrat ou de la cessation de la suspension de la garantie, soit après l'expiration de la durée de validation du visa.

VISA ET VALIDATION DU PERMIS DE CHASSER

Il vous faut faire viser et valider votre permis de chasser en effectuant les démarches qui suivent, chaque année durant laquelle vous désirez chasser.

1° Adhésion à la fédération départementale des chasseurs.

Après règlement de la cotisation fédérale à un organisme bancaire (très souvent Crédit agricole) choisi par la fédération ou directement au siège de celle-ci, cet organisme vous délivre un timbre millésimé fédéral triple :
- un « mairie », pour le registre des visas ;
- un collé sur le volet mobile annuel du permis de chasser par la mairie, qui l'oblitère ;
- un « vote », pour l'assemblée générale de la fédération.

Le timbre « vote » n'est pas à remettre en mairie, ni à coller sur le volet de visa du permis de chasser. Le chasseur le conserve pour le remettre soit à la société de chasse, soit à la personne sur le territoire de laquelle il chasse.

2° Souscription d'une assurance chasse obligatoire, couvrant tous les risques d'accidents corporels occasionnés par tout acte de chasse et tout acte de destruction d'animaux nuisibles, même s'il est provoqué par les chiens du chasseur.

3° Demande du visa annuel du permis de chasser.

S'adresser à la mairie où l'on est : soit domicilié, soit résident, soit propriétaire foncier, soit titulaire d'un droit de chasser (sauf à Paris : préfecture de police).

Les formalités sont les suivantes :
- remise du timbre I et II de la fédération du département de validité pour une validation départementale, de n'importe quel département pour une validation nationale ;
- remise de l'attestation d'assurance ;
- remplir la demande de délivrance du visa et de la validation ;
- remplir la déclaration au sujet des causes d'incapacité ou

d'interdiction pouvant faire obstacle au visa du permis d chasser tous les ans ou une seule fois.

4° Paiement du prix du visa annuel en même temps que le timbre de validation.

Sont exigibles en une seule fois pour obtenir soit une validation nationale, soit une, deux, trois... validations départementales demandées simultanément :
- un timbre de 22 F au profit de l'Etat ;
- un timbre de 10 F au profit de la commune où la demande de visa est présentée.

Le visa et la validation pour plusieurs départements demandés ultérieurement à la mairie entraînent à chaque nouvelle demande le paiement du prix d'un visa (part de la commune et de l'Etat).

5° Validation du permis de chasser à la perception du lieu de visa.

Procéder au paiement :
- d'un timbre « redevance cynégétique » versée à l'O.N.C. soit nationale, permettant de chasser sur tout le territoire français pour la durée du visa, soit départementale, permettant de chasser dans un département et les communes environnantes pour la durée du visa ;
- d'un timbre « redevance cynégétique gibier d'eau » permettant en complément l'exercice de la chasse maritime pour la durée du visa, ou l'exercice de la chasse au gibier d'eau dans tous les départements pendant le temps de l'ouverture spécifique précédant l'ouverture générale.

Il n'y a pas de redevance cynégétique bidépartementale.

N.B. – Il y a cependant possibilité, au cours d'une même saison de chasse, de :
- **prendre deux, trois... redevances cynégétiques départementales permettant de chasser dans deux, trois... départements ;**
- **supplémenter la redevance départementale en redevance nationale.**

Visa et validation départementale : 144 F*
dont : 10F pour la commune et 22 F pour l'État

Visa et validation nationale : 600 F
dont : 10F pour la commune et 22 F pour l'État

— Le prix du timbre des Fédérations est variable suivant les départements : de 180 F en moyenne, il peut dépasser 200 F (220 F dans l'Aisne).

Timbre « gibier d'eau » : sa détention est obligatoire pour chasser le gibier d'eau avant l'ouverture générale et sur tout le domaine public.

— Prix : 45 F. Ce timbre est national.

Timbre « grand gibier » et « sanglier » : huit départements imposent aux chasseurs de grand gibier un timbre « grand gibier » et onze départements imposent un timbre « sanglier » obligatoire pour ceux qui souhaitent chasser le sanglier.

— Le prix de ce timbre est fixé à 40 F, il est départemental. Chasser dans un autre département nécessite de se renseigner sur l'obligation d'un timbre « grand gibier » ou « sanglier ».

REMPLACEMENT DES PERMIS DE CHASSER PERDUS OU DÉTÉRIORÉS

1° Demande de duplicata.

A retirer en mairie ou en préfecture, établie en double exemplaire. Remplir la déclaration au sujet des causes d'incapacité ou d'interdiction pouvant faire obstacle à la délivrance et au visa du permis de chasser.

2° Remplacement de l'élément permanent du permis de chasser.

Il faut :

- préciser le numéro du permis de chasser ;

* Les prix sont ceux de la campagne 86/87.

- indiquer la préfecture qui a délivré le permis ;
- déposer l'ensemble du dossier à la même préfecture ;
- acquitter un droit de 28 F.

3° Remplacement du volet annuel de visa et de validation.
- indiquer le numéro du visa ;
- indiquer la mairie qui a délivré le visa ;
- déposer l'ensemble du dossier à la même mairie ;
- acquitter une taxe de 10 F.

Le volet de visa doit être présenté au comptable du Trésor (percepteur), accompagné d'un exemplaire de la déclaration de perte, soit par le demandeur, soit par l'intermédiaire de la mairie.

VOTRE PERMIS EST MAINTENANT VISÉ ET VALIDÉ...

Mais, avant de pouvoir chasser, il vous faut encore consulter la réglementation de la chasse applicable dans le département où vous allez chasser:
- dans l'arrêté d'ouverture et de clôture annuel (qui est toujours affiché en mairie) ;
- dans l'arrêté réglementaire permanent sur la police de la chasse du département.

Vous trouverez ces documents : au siège de la fédération départementale des chasseurs ; à la préfecture ou à la sous-préfecture ; à la direction départementale de l'agriculture.

En outre, le service juridique de l'Office national de la chasse, 85 *bis,* avenue de Wagram, est à votre disposition pour tout renseignement utile.

Attention :

L'exercice de la chasse suppose non seulement la possession du permis de chasser valable, mais également l'obtention d'un territoire de chasse en adhérant à une société ou en étant titulaire d'un droit de chasse (propriétaire ou locataire).

ASSOCIATIONS ET DIVERS ORGANISMES

Quelques adresses utiles :

Direction de la protection de la nature
14, avenue du Général-Leclerc, 92 - Neuilly.

Office national de la chasse
85 *bis,* avenue de Wagram, 75017 Paris.

Office national des Forêts
4, avenue de Saint-Mandé, 75012 Paris.

Société centrale Canine
215, rue Saint-Denis, 75002 Paris.

Association nationale des chasseurs de gibier d'eau
11, rue Villebois-Mareuil 75017 Paris.

Société de Vènerie
51, rue Dumont-d'Urville, 75116 Paris.

Club national des Bécassiers
3, rue Anatole-France, 34000 Montpellier.

Association des Déterreurs
19, rue Legendre, 75017 Paris.

Association des chasseurs de grand gibier
60, rue des Archives, 75003 Paris.

Association des chasseurs de Montagne
162, boulevard Magenta, 75010 Paris.

Association sportive de la chasse photographique Française
60, rue des Archives, 75003 Paris.

C.R.B.P.O. (Centre de Recherches Biologiques pour la Protection des Oiseaux)
55, rue de Buffon, 75005 Paris.

Centre d'Études sur la rage
Domaine de Pixérécourt, B.P. n° 9, 54220 Malzeville.

Société Nationale de protection de la nature
57, rue Cuvier, 75005 Paris.

Syndicat national des présidents de Fédérations
124, avenue de Wagram, 75017 Paris.

Syndicat des armuriers
32, rue Tronchet, 75008 Paris.

Association sportive des chasseurs à l'arc
32, rue du Calvaire, 92 Saint-Cloud.

Société Ornithologique de France
55, rue de Buffon, 75005 Paris.

Office national des assurances du chasseur
66, rue de la Chaussée-d'Antin, 75009 Paris.

Syndicat national des éleveurs de gibier
28, rue du Rocher, 75008 Paris.

Syndicat des Taxidermistes de France
Secrétaire : M. LABES, 40, rue de Fresnes, 94240 l'Hay-les-Roses.

Conseil International de la chasse
15, rue de Téhéran, 75016 Paris.

B.I.R.S. (Bureau International de recherche sur la Sauvagine)
55, rue de Buffon, 75005 Paris.

Objectif Vénerie
51, rue Dumont-d'Urville, 75116 Paris.

Comité national de mensuration des Trophées
60, rue des Archives, 75008 Paris.

Comité d'information Chasse-nature
71, avenue des Ternes, 75017 Paris.

Fédération Française de tir
16, rue du Président-Wilson, 75016 Paris.

LISTE DES FÉDÉRATIONS DÉPARTEMENTALES DES CHASSEURS

Département	Adresse	Téléphone
01 Ain	57, rue de la République B.P. 53 01002 Bourg-en-Bresse	(74) 22.25.02
02 Aisne	133, rue de Crécy B.P. 103 02006 Laon Cedex	(23) 23.48.88
03 Allier	6, avenue Victor-Hugo 03000 Moulins	(70) 44.07.71
04 Alpes-de-Haute-Provence	79, boulevard Gassendi 04002 Digne Cedex	(92) 31.02.43
05 Alpes (Hautes-)	Immeuble le Montjoie 9 *bis,* chemin de Bonne 05000 Gap	(92) 51.33.62
06 Alpes-Maritimes	P.A.L.7, M.I.N. Saint-Augustin 06042 Nice Cedex	(93) 83.82.39
07 Ardèche	5, avenue Clément-Faugier 07001 Privas	(75) 64.30.53
08 Ardennes	16, rue d'Aubilly 08100 Charleville-Mézières	(24) 56.07.35
09 Ariège	50, avenue du Général-Leclerc 09000 Foix	(61) 65.04.02
10 Aube	4, rue de Preize 10000 Troyes	(25) 43.82.79
11 Aude	36, rue de Mazagran 11000 Carcassonne	(68) 25.07.42
12 Aveyron	23, boulevard de la République 12000 Rodez	(65) 68.04.07
13 Bouches-du-Rhône	Quartier Maliverny 13540 Puyricart	(42) 24.46.75
14 Calvados	1, rue Renoir Résidence Richemond 14000 Caen	(31) 81.70.37
15 Cantal	51, av. de la République 15000 Aurillac	(71) 48.00.91
16 Charente	17, rue Corneille 16000 Angoulême	(45) 95.19.92

17 Charente-Maritime .	Saint-Julien-de-l'Escap 17400 Saint-Jean-d'Angely	(46) 32.09.04
18 Cher	9, place de la Nation 18000 Bourges	(36) 24.28.46
19 Corrèze	1, avenue Winston-Churchill 19000 Tulle	(55) 26.73.68
20 Corse du Sud	19, avenue Bévérini 20000 Ajaccio	(95) 23.16.91
20 Corse du Nord	Résidence Nouvelle-Corniche Quartier Saint-Joseph 20200 Bastia	(95) 32.25.99
21 Côte-d'Or	47, rue Verrerie B.P. 1134 21027 Dijon Cedex	(80) 32.97.72 (80) 32.19.19
22 Côtes-du-Nord	19, rue de Brest 22000 Saint-Brieuc	(96) 33.15.92
23 Creuse	Résidence du Jardin-Public Bât. A., esc. B avenue de la Sénatorerie 23000 Guéret	(55) 52.17.31
24 Dordogne	B.P. 41 4, rue Arago 24001 Périgueux Cedex	(53) 53.13.33
25 Doubs	27, rue de la Préfecture 25000 Besançon	(81) 81.49.02
26 Drôme	Le Valentia II 60, avenue Sadi-Carnot B.P. 606 26000 Valence	(75) 43.76.79
27 Eure	75, rue de la Pannette 27000 Evreux	(32) 33.09.76 (32) 33.15.32
28 Eure-et-Loir	Maison de l'Agriculture Avenue Marcel-Proust La Madeleine 28024 Chartres	(37) 21.52.09
29 Finistère	Résidence Laennec 21, rue Le Déan 29000 Quimper	(98) 90.05.96
30 Gard	21, rue Dhuoda B.P. 72 30010 Nîmes	(66) 84.01.65 (66) 84.01.05

31 Garonne (Haute-) ..	2, rue Jolimont 31500 Toulouse	(61) 48.49.66
32 Gers	2, rue du Tapis-Vert B.P. 148 32004 Auch Cedex	(62) 05.20.94
33 Gironde	82, quai des Chartrons 33300 Bordeaux	(56) 29.24.45 (56) 29.24.46 (56) 29.24.47
34 Hérault	22, rue des Chasseurs 34100 Montpellier	(67) 42.41.55
35 Ille-et-Vilaine	178, rue d'Antrain 35000 Rennes	(99) 63.20.21
36 Indre	11, rue de Belle-Isle 36000 Châteauroux	(54) 22.15.98
37 Indre-et-Loire	4, rue de la Grandière 37012 Tours Cedex	(47) 05.65.25
38 Isère	12, rue Montorge 38000 Grenoble	(76) 44.20.23
39 Jura	D.D.A. de l'Agriculture Avenue du 44e-R.I. B.P. 396 39016 Lons-le-Saunier	(84) 24.21.07 (poste 52)
40 Landes	151, avenue Georges-Clemenceau B.P. 172 40103 Dax Cedex	(58) 74.38.69
41 Loir-et-Cher	52, avenue du Général-Leclerc 41000 Blois	(54) 78.51.29
42 Loire	22, rue Clément-Forissier 42100 Saint-Etienne	(77) 25.25.96
43 Loire (Haute-)	17, boulevard Alexandre-Clair 43000 Le Puy	(71) 09.10.91
44 Loire-Atlantique ...	13, boulevard François-Blancho Ile Blaulieu 44200 Nantes	(40) 47.59.25 (40) 47.40.80 (40) 47.55.39
45 Loiret	16, rue du Pot-de-Fer 45000 Orléans	(38) 53.52.40
46 Lot	22, rue Brives 46000 Cahors	(65) 35.13.22
47 Lot-et-Garonne	111, bd de la Liberté 47000 Agen	(58) 47.05.54

48 Lozère	16, boulevard du Soubey-ran 48000 Mende	(66) 65.04.44
49 Maine-et-Loire	9, rue Louis-Gain 49000 Angers	(41) 88.25.04
50 Manche	4, rue Emile-Enault B.P. 100 50001 Saint-Lô Cedex	(33) 57.05.93
51 Marne	41, rue Pierre-Bayen 51000 Châlons-sur-Marne	(26) 68.18.74
52 Marne (Haute-)	16, rue des Frères-Parisot B.P. 137 52004 Chaumont	
53 Mayenne	30, rue Mazagran 53000 Laval	(43) 53.09.32
54 Meurthe-et-Moselle .	1, rue Saint-Dizier 54000 Nancy	(23) 36.33.21
55 Meuse	4, rue Henri-Dunant 55000 Bar-le-Duc	(29) 79.03.31
56 Morbihan	4, rue de l'Unité 56000 Vannes	(97) 47.10.32
57 Moselle	1-3, rue Fabert 57000 Metz	(87) 75.11.74
58 Nièvre	Maison de l'Agriculture Place de l'Ancien-Champ-de-Foire 58000 Nevers	(86) 57.19.20
59 Nord	69, rue Faidherbe 59800 Lille	(20) 55.41.66
60 Oise	130, rue de la République 60670 Laigneville	471.04.60 471.01.07
61 Orne	38, bd de Strasbourg 61000 Alençon	(33) 29.01.50
62 Pas-de-Calais	26, rue Jeanne-d'Arc B.P. 626 62029 Arras Cedex	(21) 23.20.67
63 Puy-de-Dôme	42, rue Morel-Ladeuil 63000 Clermont-Ferrand	(73) 93.76.27
64 Pyrénées-Atlantiques	6, rue des Cordeliers 64000 Pau	(59) 27.46.80
65 Pyrénées (Hautes-) .	6, rue Georges-Clemenceau 65000 Tarbes	(62) 34.53.01

66 Pyrénées	3, passage des Variétés 66000 Perpignan	(68) 61.25.05
67 Rhin (Bas-)	6, rue du Fossé-des-Tanneurs 67000 Strasbourg	(88) 32.55.36
68 Rhin (Haut-)	2, avenue Auguste-Wicky Résidence Wilson B.P. 1273 68055 Mulhouse Cedex	(89) 45.60.28
69 Rhône	11, rue Childebert 69002 Lyon	(78) 42.69.09
70 Saône (Haute-)	22, place du Champ-de-Foire 70000 Vesoul	(84) 75.24.43
71 Saône-et-Loire	Maison de l'Agriculture Bd Henri-Dunant B.P. 6 71001 Mâcon Cedex	(85) 38.32.37 (85) 38.50.66 poste 305 ou poste 304
72 Sarthe	1, rue Bruyère 72000 Le Mans	(43) 24.13.24
73 Savoie	Le Brévent 15, rue du Nivolet B.P. 200 73005 Chambéry Cedex	(79) 62.04.61
74 Savoie (Haute-)	9 *bis,* avenue Berthollet 74000 Annecy	(50) 57.14.27
75 F.I.C. Paris .... H.S.V. 92 93 94 ...	16, rue Vignon 75009 Paris	(1) 47.42.91.53
76 Seine-Maritime	22, rue de Crosne 76000 Rouen	(35) 71.13.38
77 Seine-et-Marne	16, rue Vignon 75009 Paris	(1) 47.42.91.53
78 F.I.C. 78 91 ...... Y.E.V. 95	16, rue Vignon 75009 Paris	(1) 47.42.91.53
79 Sèvres (Deux-).....	213, avenue de la Rochelle B.P. 131 79005 Niort Cedex	(49) 79.11.86
80 Somme	12, rue de Dijon 80040 Amiens Cedex	(22) 91.28.32
81 Tarn	70, rue de la Croix-Verte B.P. 55 81002 Albi	(63) 54.12.23

82	Tarn-et-Garonne ...	3, rue Denfert-Rochereau 82000 Montauban	(63) 03.46.51
83	Var	7, bd Gabriel-Péri 83300 Draguignan	(94) 68.03.13
84	Vaucluse	Bât. B, 58, rue Thiers 84000 Avignon	(90) 81.25.18
85	Vendée	« Les Minées » route de Château- Fromage B.P. 93 85000 La Roche-sur-Yon	(51) 37.06.76
86	Vienne	67, rue Théophraste- Renaudot 86000 Poitiers	(49) 41.28.84
87	Vienne (Haute-) ...	43, rue Saint-Paul 87000 Limoges	(55) 79.12.62
88	Vosges	11, rue Charlet 88000 Epinal	(29) 82.09.74
89	Yonne	19, rue Moreaux B.P. 322 89005 Auxerre Cedex	(86) 52,03.04
90	Belfort	6, rue Denfert-Rochereau 90000 Belfort	(84) 22.28.71
971	Guadeloupe	6, place C.-Desmoulins 97110 Pointe-à-Pitre	82.03.50
972	Martinique	7, caserne Bouillé Bd. Chevalier-Sainte- Marthe 97200 Fort-de-France	71.48.56
974	Réunion	B.P. 195 2, rue de Nice 97465 Saint-Denis	21.07.32

REVUES

La Revue nationale de la Chasse
43, boulevard Barbès, 75018 Paris.

Connaissance de la Chasse
15-17, quai de l'Oise, 75019 Paris.

Plaisirs de la Chasse
24, rue du Quatre-Septembre, 75002 Paris.

Le Saint-Hubert
10, rue de Lisbonne, 75008 Paris.

Nos Chasses
28, rue de l'Ermitage, 75019 Paris.

La Sauvagine
11, rue Villebois-Mareuil, 75017 Paris.

Vénerie
51, rue Dumont-d'Urville, 75116 Paris.

Sources photographiques

Faisan commun p. 41 - Tourterelle p. 49 - Vanneau p. 70 (Bernard Rebouleau). — Lagopède (été) p. 57 (Claude Morerod). — Perdrix grises p. 35 (P. Delaguette). — Lagopède (hiver) p. 56 (R. Maier). — Grand coq de bruyère p. 52 (J.-P. Landenberg). — Lièvre p. 28 - Pigeon ramier p. 45 (P. Mazzuca). — Cailles p. 43 (D. Géhant). — Cerf (ou brâme) p. 77 - Grive p. 46 - Lapin p. 33 (J.-P. Gislard). — Perdrix rouge p. 38 - Bécasse p. 50 - Chevreuil p. 73 - Canards p. 62 - Vénéré p. 42 - Petit coq de bruyère p. 53 - Pilet p. 64 - Sarcelles p. 63 - Chamois p. 86 - Oie des moissons p. 66 (S. Chevallier). — Chasse à l'approche p. 135 - Chasse à la passée p. 142 - Chasse à courre p. 143 - Faucon pélerin p. 159 - Pointer p. 193 (Nicolas Noblet). – Sanglier p. 81 (Jacques Meggs).

CODE DU CHASSEUR

Pour la nouvelle session de l'examen, il nous a semblé important d'établir un véritable code de conduite du chasseur français, valable non seulement pour les nouveaux chasseurs mais aussi pour les autres dits d'expérience. Il serait dangereux pour un candidat chanceux à l'examen d'oublier tout ce qu'il vient d'apprendre et de n'appliquer que de mauvais principes; ce nouveau chasseur risquerait dans de brefs délais les pires ennuis, voire un retrait de permis.

Responsable à part entière de la faune, et plus généralement de la nature, le chasseur doit en tout temps et en tout lieu se montrer à la hauteur de son devoir et comprendre que la chasse se déroule toute l'année; sans oublier que la récolte est conditionnée par les sessions précédentes, qui jouent un rôle prépondérant. Un mauvais été comme ce fut le cas en 1978 a détruit en grande partie les efforts de repeuplement et de protection du perdreau. Les chasseurs inconscients ont tiré malgré tout, considérant à tort que le gibier se renouvelait indéfiniment. Les plus intelligents n'ont pas chassé, sauvant pour la prochaine saison un fonds de reproducteurs. Voilà la véritable éthique de la chasse, devenue récolte organisée en proscrivant la quête désordonnée d'un gibier en trop petit nombre.

Pour guider le chasseur, il nous paraît utile de reprendre un certain nombre de points essentiels, portant sur une année, en abordant l'attitude et l'activité que le chasseur doit avoir avant l'ouverture, puis son comportement et son activité pendant la saison de chasse; enfin ses obligations morales pendant et à l'issue d'une journée de chasse.

Avant et pendant la saison de la chasse

L'ENTRETIEN DU GIBIER

Le véritable chasseur chasse toute l'année ou, plutôt, prépare sa saison. Il lui faut avant tout connaître parfaitement le territoire sur lequel il exerce ses activités et, si possible, l'entretenir.

Au printemps, il surveille les places de ponte des oiseaux qui nichent à terre (perdreaux, faisans). Il veille à ce que ces endroits, généralement composés d'une végétation un peu désordonnée, ne soient pas détruits ou fauchés afin de ne gêner ni la ponte ni la couvaison. Lorsqu'on trouve un nid qui semble abandonné, il faut ramasser délicatement les œufs et les apporter, dans la mesure du possible, à la Fédération départementale des Chasseurs qui les mettra en couveuse et redistribuera les jeunes.

Si au moment des parades de perdrix, il y a trop de mâles (bourdons) sur le territoire, ils gênent la reproduction; il faut donc essayer de les éloigner ou relâcher quelques femelles pour former de nouveaux couples.

A cette période de l'année l'appoint alimentaire, surtout distribué en hiver et apporté sous des abris, ne doit pas être négligé. Pour toutes les espèces animales, sauf quelques exceptions, la période de reproduction est à peu près la même; il convient donc à cette époque de ne pas parcourir les plaines avec un chien en liberté, de ne pas se promener partout dans les bois, même pour cueillir des fleurs. Les exemples de ce genre sont malheureusement trop nombreux et font courir un risque grave d'abandon des œufs ou des jeunes par leur mère.

Un conseil utile : ne caressez jamais un faon si vous en rencontrez un par hasard en forêt, car il est condamné irrémédiablement à mort, sa mère, apeurée par l'odeur de l'homme, préfère l'abandonner dans 99 pour 100 des cas.

Il existe au cours des saisons bon nombre d'opérations d'aménagement et de surveillance à mener.

Autre point important en ce qui concerne le petit gibier sédentaire et plus particulièrement les oiseaux : l'estimation du cheptel se fait tout au long de l'année. Le comptage des couples s'opère avant la ponte. Ensuite par simple connaissance des habitudes et des déplacements du gibier on peut estimer le nombre d'oiseaux formant une compagnie. Enfin les premières chasses permettent d'établir des moyennes, de vérifier le nombre de jeunes et d'adultes, donc de déterminer les quotas d'oiseaux à abattre. La notion de plan d'abattage du gibier se généralise de plus en plus. Le gros gibier en bénéficie déjà pour la majorité des espèces. On parle même d'un futur plan de chasse pour le sanglier comme cela se pratique dans les pays de l'Est.

Pour tirer de gros sangliers

Les chasseurs alsaciens veulent, dans un proche avenir, tirer de gros sangliers : pourquoi pas, se disent-ils, puisque le biotope est excellent en France ? Il suffit pour cela de laisser vieillir les bêtes qui ont un poids de 80 à 100 kg et de chasser de préférence des jeunes pour maintenir le cheptel à un taux raisonnable. C'est une expérience intéressante qui devrait être tentée partout où on chasse le sanglier.

Les techniques de comptage du petit gibier permettent d'établir actuellement des plans de chasse. Malheureusement, l'application des méthodes de détermination reste un peu complexe et la vulgarisation des procédés ne s'opère que lentement. C'est pour assimiler toutes ces notions nouvelles que le jeune chasseur qui aura passé son examen continuera à se documenter dans les livres et les revues spécialisées. Comme toutes les autres activités sportives et de plein air la chasse évolue et il est indispensable de se tenir au courant.

Je voudrais attirer l'attention des chasseurs-agriculteurs. A l'époque des récoltes, par la faute des machines agricoles de plus en plus gigantesques, un grand nombre d'animaux passent dans les barres de coupe des moissonneuses ou autres faucheuses. Il existe pour éviter ce carnage un certain nombre de procédés tels que les barres d'envol fixées à l'avant ou sur les côtés des tracteurs et qui obligent à fuir avant l'arrivée de la machine.

LES ARMES

En dehors de la saison de chasse, elles se trouvent bien sûr au râtelier, hors de portée des enfants, si possible enchaînées et cadenassées et, de toute façon, séparées des munitions. Si on ne les utilise pas, les fusils et carabines doivent au moins être nettoyés deux fois en dehors de la saison : nettoyage du canon et de la culasse dans lesquels viennent se glisser des poussières; graissage de la culasse et vaporisation d'huile sur le canon et à l'intérieur. Les munitions, quant à elles, doivent être conservées dans un endroit frais et sec.

Pour entretenir son tir, la fosse, le skeet et le parcours de chasse sont de bons entraînements à condition toutefois de ne pas en abuser. En effet, il arrive que d'excellents tireurs à la fosse ou de skeet habitués par mécanisme à tirer à une certaine distance se trouvent complètement décontenancés devant un gibier fuyant en faisant de brusques crochets.

Pendant la chasse

ATTITUDE, COMPORTEMENT, GIBIER, PIÉGEAGE, SÉCURITÉ

Vous voilà sur le terrain.

Rappelez-vous que vos amis chasseurs ou toute personne étrangère à la chasse vous jugeront sur votre comportement.

Voici les points essentiels à respecter :

• *Sur un territoire quel qu'il soit :*
- n'abîmez ni les clôtures ni les enclos;
- ne montez pas sur les fils barbelés;
- fermez les barrières sur votre passage;
- respectez les cultures sur pied en évitant de pénétrer sur les parcelles;
- ne tirez pas si vous n'avez aucune visibilité, un bruit dans un buisson peut avoir été provoqué non par un gibier mais par un chien ou un autre animal ou encore un homme;
- attention aux routes et aux automobiles pour vos chiens;
- ne chargez les fusils que durant l'action de chasse;
- déchargez les fusils lorsque vous rencontrez quelqu'un, autant par sûreté que par politesse. On ne le répétera jamais assez, la chasse est un sport qui peut tourner à la tragédie si des précautions élémentaires ne sont pas prises.

• *En plaine* (vous êtes au perdreau, au lièvre avec de nombreux invités) :
- respectez les consignes du début de chasse, gage de réussite et de sécurité;
- n'hésitez pas à rappeler poliment un voisin qui vout paraît dangereux (non-respect de la ligne, fusil mal orienté);
- ne tirez pas sur un gibier qui passe pour votre voisin (que diriez-vous s'il agissait de la même façon à votre égard ?);
- si les rabatteurs poussent le gibier vers vous, ne tirez que lorsqu'il passe la ligne et derrière vous;
- déchargez votre fusil la traque finie.

• *Au bois* (si vous chassez au bois, dites-vous qu'il peut s'y cacher chercheurs de champignons, promeneurs, forestiers) :
- vous avez un chien, le grelot est un complément nécessaire au collier;
- évitez de grimper aux arbres sous prétexte de tirer des pigeons plus près (cela s'est vu);
- pas de bretelle au fusil qui s'accroche partout;
- si vous chassez avec des amis, signalez-vous fréquemment pour vous situer vis-à-vis d'eux, et demandez-leur d'en faire autant;
- attention aux franchissements des talus, aux souches glissantes, aux ronces qui s'accrochent aux vêtements, à la détente du fusil;
- attention aux lisières des forêts (routes, troupeaux, bâtiments);
- ne tapez pas sur les ronces avec le canon du fusil, le coup peut partir tout seul et, de plus, vous abîmez le bronzage de votre arme. « Lapiniers », faites cela avec vos bottes, fusil bien en main, c'est à la fois une sécurité, une dépense moindre d'énergie et une meilleure préparation de tir pour le départ éventuel du lapin tapi;
- si vous chassez au furet, attention aux plombs qui volent dans toutes les directions;
- méfiez-vous des chauds fusils, tenez-vous à distance;

• *Au marais* (pas d'imprudence, on ne tire pas un gibier à portée que l'on ne peut pas récupérer) :
- attention aux vasières, aux trous d'eau;
- par nuit noire, attendez le lendemain pour récupérer un gibier, plutôt que de prendre un bain glacé. En tout cas munissez-vous d'une lampe de poche.

Que ce soit en plaine, au bois ou au marais, quels que soient le type de terrain, la forme de chasse, le gibier poursuivi, soyez convaincu que votre sécurité et celle des autres passent avant tout. La chasse moderne, comme toute activité, a ses codes et ses lois et s'y soustraire relève de l'irresponsabilité.

Cette action de chasse peut se révéler extrêmement dangereuse, les deux chasseurs se trouvant très près l'un de l'autre. Imaginons un instant qu'il s'agisse d'un oiseau allant de gauche à droite, dans son swing le chasseur du bas de la photo, après son premier coup, risque de blesser son compagnon s'il suit le gibier trop loin et double…

Que doit faire un chasseur avant de passer les barbelés ? Il casse son fusil et retire les cartouches, puis il passe entre les fils en évitant de monter dessus.

S'il est tiré à cette distance, le malheureux faisan sera certainement réduit en bouillie, quel intérêt ? Il faut laisser l'oiseau s'éloigner et tirer ensuite. Là encore, les chasseurs se trouvent trop près l'un de l'autre, attention à la sécurité.

Il est important avant de tirer de bien identifier son gibier. Il s'agit ici d'une chevrette au saut d'un layon. Le chasseur, s'il est en possession d'un bracelet, ne la tirera qu'au rembûché.

DES NUISIBLES QUI NE LE SONT PLUS

Le gibier, s'il existe encore, ne doit cependant pas être concédé comme une manne naturelle. Sa présence est assurée en partie par le travail du piégeur, garde ou bénévole. Alors, ne touchez pas aux engins tendus dans les coulées et les sentes, qu'ils soient assommoirs, belettières, etc.; ils sont tendus et visités très régulièrement pour régulariser le nombre des prédateurs. Pour votre gouverne sachez que la notion de nuisible ne doit plus exister en matière de chasse, même si ce terme est employé couramment.

Rien n'est blanc ou noir. Ainsi la belette se nourrit à 80 pour 100 de mulots, de rats, de campagnols : elle est donc utile. Elle ne devient prédateur nuisible que dans la mesure où elle est en surnombre sur un territoire donné; ne trouvant plus alors une nourriture suffisante, elle s'attaque au gibier. De même le chat domestique devient un redoutable fauve livré à lui-même sur un territoire libre.

La présence d'un piège vous permettra peut-être de découvrir des coulées que vous n'auriez pas remarquées, mais aussi de soupçonner l'existence d'une vie sauvage secrète que seuls quelques privilégiés connaissent.

Vous découvrirez également que la chasse au fusil n'est pas tout, qu'à côté du perdreau, de la bécasse, du sanglier existe ce que l'on appelle la sauvagine. Ce petit monde qui doit se battre pour subsister vit là, dans ce bois, dans cette friche, dans ce hangar, sous votre toit. Peut-être comprendrez-vous que la chasse qui se consacre aux espèces dites nobles permet de découvrir aussi la faune et la flore qui forment un tout.

La nature ne s'apprend pas dans les livres. Le chasseur patient, à l'affût au pigeon, verra peut-être un autour des palombes chasser entre les arbres; peut-être apercevra-t-il un mulot disparaissant sous les feuilles à ses pieds. Tout cela fait partie des plaisirs de la chasse.

AUTRES RÈGLES DE CHASSE

Tout gibier doit être tué correctement; il faut donc éviter en chassant devant soi de tirer un faisan ou un perdreau qui décolle, surtout s'il n'a pas de hauteur car, surpris par l'oiseau, le tireur n'a pas le temps de vérifier que tout danger est écarté. D'une part, si vous touchez l'oiseau au départ, la gerbe sera tellement serrée qu'elle fera éclater le malheureux gibier devenu alors irrécupérable. D'autre part, méfiez-vous aussi du second coup de fusil. Vous tirez le premier coup, vous manquez. Vous suivez votre gibier et appuyez une seconde fois sur la détente sans rien voir. Voilà comment surviennent 90 pour 100 des accidents.

Évitez de tirer si le gibier vous semble hors de portée; vous risquez de le piquer ou de le blesser sans pouvoir le récupérer. L'identification parfaite du gibier est nécessairement le tir. Dans certaines conditions; ainsi dans un marais aux heures de passées, elle est souvent bien compliquée; il convient donc d'agir avec une extrême prudence.

La recherche systématique du gibier blessé s'impose. Vous tirez un animal, observez-le le plus longtemps possible car il peut voler ou courir plusieurs dizaines de mètres avant de marquer le coup. Pour un grand gibier, il convient de chercher des traces de sang le plus loin possible — quelquefois on trouve les premières traces à une centaine de mètres de l'endroit du tir. Souvent une balle au cœur provoque chez l'animal un départ en trombe ou une très nette accélération, on pense l'avoir manqué et en fait on le retrouve mort à quelques dizaines de mètres.

LE RESPECT DU GIBIER MORT

Si la mort du gibier est l'aboutissement d'une quête, d'une fatigue, d'une joie de posséder l'animal désiré, il faut aussi qu'elle soit propre.

Une mort nette, instantanée doit être le but recherché. Mais on blesse souvent. Abréger les souffrances le plus vite possible est alors un devoir par respect pour soi-même et pour le gibier. Si l'animal est un oiseau, on l'assomme sur la crosse du fusil en le tenant par le corps et en aucun cas par la queue. Si c'est un gibier à poil on l'assomme d'un coup de poing sec. Si vous tirez un gros animal (renard, sanglier, chevreuil), donnez le « coup de grâce » rapidement derrière l'oreille ou servez au cœur au couteau de chasse.

Évitez d'achever l'animal sur un tronc d'arbre, de le laisser agoniser sur place, de lui tirer une cartouche à bout portant s'il est petit, de l'achever avec une pierre ou à coups de pied, autant de procédés à bannir. Un principe, achevez vite et proprement.

Un animal mort a droit à certains égards. Le respect du gibier est une notion qui échappe trop souvent aux chasseurs. On ne joue pas avec un animal mort.

Si vous voulez entraîner votre chien au rapport, prenez une peau ou un leurre et non l'animal. Je suis de ces chasseurs qui mettent délicatement le gibier dans la poche-carnier après lui avoir lissé le poil ou la plume.

Le grand gibier mort ne se traîne pas, il se porte. Autre détail : on n'enjambe pas un gibier mort, on le contourne par simple respect.

Le plaisir de mettre le soir sur une table le gibier de la journée ne doit pas être terni par un poil écarlate ou une boule de plumes informe. D'ailleurs, l'après-chasse est un moment important où, entre amis, nous discutons du gibier, de la journée écoulée; c'est l'heure à laquelle on soupèse, lisse, touche les animaux.

Personne ne regarde le lapin isolé sur un coin qui a pris du plomb trop près et a boulé dans le ruisseau. Tout le monde admire en revanche la bécasse au plumage magnifique et doré.

L'exercice de la chasse au vol : nouvelle réglementation.

Art. 1. — La détention, le transport et l'utilisation des rapaces pour l'exercice de la chasse au vol sont soumis à autorisation dans les conditions fixées par l'arrêté suivant.

L'emploi de rapaces diurnes falconiformes est seul autorisé pour ce mode de chasse.

Art. 2. — Les autorisations de détention, de transport et d'utilisation sont délivrées par le ministre chargé de la chasse ou son délégué après avis du conseil national de la chasse et de la faune sauvage et du conseil national de la protection de la nature.

La demande n'est pas recevable lorsque le demandeur a été condamné depuis moins de cinq ans pour infraction à la législation de la chasse ou de la protection de la nature. L'autorisation est délivrée à titre précaire et révocable et peut être retirée à tout moment sur décision motivée.

Art. 3. — La demande mentionne les nom, prénoms, domicile du demandeur, son appartenance éventuelle à une association spécialisée dans le domaine de la chasse au vol, les noms scientifiques et français des spécimens qui font l'objet de la demande, le nombre de spécimens, leur origine, en précisant, le cas échéant, les références de l'autorisation d'importation, de capture ou de prélèvement des oiseaux ainsi que leurs conditions de détention et d'utilisation pour la chasse au vol ou la reproduction.

Pour chaque spécimen la demande mentionne les caractéristiques de la marque identifiant l'oiseau conformément aux dispositions de l'article 4 (2e) ci-dessous.

Art. 4. — La délivrance des autorisations arrêté est surbordonnée :

1° A la tenue d'un registre dans lequel sont consignés au jour le jour tous les renseignements relatifs aux oiseaux détenus, notamment leur origine, leur cession ou leur perte.

Ce registre ainsi que les volières et véhicules utilisés pour la détention ou le transport des oiseaux pourront être contrôlés par les agents habilités à constater les infractions à la police de la chasse et à la protection de la nature.

2° A l'obligation de munir les spécimens qui font l'objet de la demande d'une marque inamovible, conforme à un modèle agréé par le ministre de l'environnement.

Art. 5. — L'autorisation de détention, de transport et d'utilisation pour la chasse au vol se présente pour chaque oiseau détenu sous forme d'une carte validée annuellement comportant, outre les indications relatives à l'identité du bénéficiaire, celles relatives à l'identification des oiseaux concernés, à savoir :

— les noms scientifiques et français de l'espèce ;
— la date de naissance de l'oiseau et son origine ;
— le numéro de la marque ;
— les signes distinctifs de l'individu s'il y a lieu.

Art. 6. — Les autorisations visées à l'article 2 du présent arrêté permettent la pratique de la chasse au vol pendant la période où la chasse est ouverte. Elles permettent en outre la mise en condition et l'entraînement des oiseaux depuis la date de la clôture générale de la chasse jusqu'au 30 avril à condition que cet entraînement soit effectué sans chien et sur des animaux d'espèces classées nuisibles dans le département considéré et à partir du 1er juillet jusqu'à la date d'ouverture de la chasse à condition que cet entraînement soit effectué soit sur du gibier d'élevage marqué, soit sur des oiseaux classés nuisibles dans le département.

Index alphabétique

M

N-O

P

Q-R

S

T

V

EXAMEN 1

1	A	B	C
2	A	B	C
3	A	B	C
4	A	B	C
5	A	B	C
6	A	B	C
7	A	B	C
8	A	B	C
9	A	B	C
10	A	B	C
11	A	B	C
12	A	B	C
13	A	B	C
14	A	B	C
15	A	B	C
16	A	B	C
17	A	B	C
18	A	B	C
19	A	B	C
20	A	B	C
21	A	B	C

EXAMEN 2

1	A	B	C
2	A	B	C
3	A	B	C
4	A	B	C
5	A	B	C
6	A	B	C
7	A	B	C
8	A	B	C
9	A	B	C
10	A	B	C
11	A	B	C
12	A	B	C
13	A	B	C
14	A	B	C
15	A	B	C
16	A	B	C
17	A	B	C
18	A	B	C
19	A	B	C
20	A	B	C
21	A	B	C

EXAMEN 3

1	A	B	C
2	A	B	C
3	A	B	C
4	A	B	C
5	A	B	C
6	A	B	C
7	A	B	C
8	A	B	C
9	A	B	C
10	A	B	C
11	A	B	C
12	A	B	C
13	A	B	C
14	A	B	C
15	A	B	C
16	A	B	C
17	A	B	C
18	A	B	C
19	A	B	C
20	A	B	C
21	A	B	C

EXAMEN 4

1	A	B	C
2	A	B	C
3	A	B	C
4	A	B	C
5	A	B	C
6	A	B	C
7	A	B	C
8	A	B	C
9	A	B	C
10	A	B	C
11	A	B	C
12	A	B	C
13	A	B	C
14	A	B	C
15	A	B	C
16	A	B	C
17	A	B	C
18	A	B	C
19	A	B	C
20	A	B	C
21	A	B	C

EXAMEN 5

1	A	B	C
2	A	B	C
3	A	B	C
4	A	B	C
5	A	B	C
6	A	B	C
7	A	B	C
8	A	B	C
9	A	B	C
10	A	B	C
11	A	B	C
12	A	B	C
13	A	B	C
14	A	B	C
15	A	B	C
16	A	B	C
17	A	B	C
18	A	B	C
19	A	B	C
20	A	B	C
21	A	B	C

EXAMEN 6

1	A	B	C
2	A	B	C
3	A	B	C
4	A	B	C
5	A	B	C
6	A	B	C
7	A	B	C
8	A	B	C
9	A	B	C
10	A	B	C
11	A	B	C
12	A	B	C
13	A	B	C
14	A	B	C
15	A	B	C
16	A	B	C
17	A	B	C
18	A	B	C
19	A	B	C
20	A	B	C
21	A	B	C

EXAMEN 7

1	A	B	C
2	A	B	C
3	A	B	C
4	A	B	C
5	A	B	C
6	A	B	C
7	A	B	C
8	A	B	C
9	A	B	C
10	A	B	C
11	A	B	C
12	A	B	C
13	A	B	C
14	A	B	C
15	A	B	C
16	A	B	C
17	A	B	C
18	A	B	C
19	A	B	C
20	A	B	C
21	A	B	C

EXAMEN 8

1	A	B	C
2	A	B	C
3	A	B	C
4	A	B	C
5	A	B	C
6	A	B	C
7	A	B	C
8	A	B	C
9	A	B	C
10	A	B	C
11	A	B	C
12	A	B	C
13	A	B	C
14	A	B	C
15	A	B	C
16	A	B	C
17	A	B	C
18	A	B	C
19	A	B	C
20	A	B	C
21	A	B	C

EXAMEN 9

1	A	B	C
2	A	B	C
3	A	B	C
4	A	B	C
5	A	B	C
6	A	B	C
7	A	B	C
8	A	B	C
9	A	B	C
10	A	B	C
11	A	B	C
12	A	B	C
13	A	B	C
14	A	B	C
15	A	B	C
16	A	B	C
17	A	B	C
18	A	B	C
19	A	B	C
20	A	B	C
21	A	B	C

EXAMEN 10

1	A	B	C
2	A	B	C
3	A	B	C
4	A	B	C
5	A	B	C
6	A	B	C
7	A	B	C
8	A	B	C
9	A	B	C
10	A	B	C
11	A	B	C
12	A	B	C
13	A	B	C
14	A	B	C
15	A	B	C
16	A	B	C
17	A	B	C
18	A	B	C
19	A	B	C
20	A	B	C
21	A	B	C

Achevé d'imprimer
sur les presses de l'Union Parisienne d'Imprimeries
13, rue Yves-Toudic, 75481 Paris Cedex 10
Dépôt légal n° 2992 — Janvier 1987
23-21-4242-01-6
I.S.B.N. 2.01.012693.9

N° d'éditeur : 87002/4293

23.4120.4